Supersticiones y Hécate

Desvelando el misterioso reino de las creencias sobrenaturales, los símbolos y la antigua magia griega

© Copyright 2025

Todos los derechos reservados. Ninguna parte de este libro puede ser reproducida de ninguna forma sin el permiso escrito del autor. Los revisores pueden citar breves pasajes en las reseñas.

Descargo de responsabilidad: Ninguna parte de esta publicación puede ser reproducida o transmitida de ninguna forma o por ningún medio, mecánico o electrónico, incluyendo fotocopias o grabaciones, o por ningún sistema de almacenamiento y recuperación de información, o transmitida por correo electrónico sin permiso escrito del editor.

Si bien se ha hecho todo lo posible por verificar la información proporcionada en esta publicación, ni el autor ni el editor asumen responsabilidad alguna por los errores, omisiones o interpretaciones contrarias al tema aquí tratado.

Este libro es solo para fines de entretenimiento. Las opiniones expresadas son únicamente las del autor y no deben tomarse como instrucciones u órdenes de expertos. El lector es responsable de sus propias acciones.

La adhesión a todas las leyes y regulaciones aplicables, incluyendo las leyes internacionales, federales, estatales y locales que rigen la concesión de licencias profesionales, las prácticas comerciales, la publicidad y todos los demás aspectos de la realización de negocios en los EE. UU., Canadá, Reino Unido o cualquier otra jurisdicción es responsabilidad exclusiva del comprador o del lector.

Ni el autor ni el editor asumen responsabilidad alguna en nombre del comprador o lector de estos materiales. Cualquier desaire percibido de cualquier individuo u organización es puramente involuntario.

Su regalo gratuito

¡Gracias por descargar este libro! Si desea aprender más acerca de varios temas de espiritualidad, entonces únase a la comunidad de Mari Silva y obtenga el MP3 de meditación guiada para despertar su tercer ojo. Este MP3 de meditación guiada está diseñado para abrir y fortalecer el tercer ojo para que pueda experimentar un estado superior de conciencia.

https://livetolearn.lpages.co/mari-silva-third-eye-meditation-mp3-spanish/

¡O escanee el código QR!

Índice de contenidos

PRIMERA PARTE: SUPERSTICIONES 1
   INTRODUCCIÓN 2
   CAPÍTULO 1: ¿POR QUÉ CREEMOS EN SUPERSTICIONES? 4
   CAPÍTULO 2: SUPERSTICIÓN Y ADIVINACIÓN 14
   CAPÍTULO 3: EN BUSCA DE SEÑALES Y PRESAGIOS EN EL CIELO 25
   CAPÍTULO 4: EL SIMBOLISMO DE LOS COLORES 35
   CAPÍTULO 5: PRESAGIOS SOBRE ANIMALES Y PLANTAS 45
   CAPÍTULO 6: NÚMEROS DE LA SUERTE Y DE LA MALA SUERTE 55
   CAPÍTULO 7: SUPERSTICIONES SOBRE ALIMENTOS Y OBJETOS 66
   CAPÍTULO 8: SUPERSTICIONES SOBRE EL NACIMIENTO Y LA MUERTE 77
   CAPÍTULO 9: DESEOS, SUERTE Y REPARACIÓN DE LA MALA SUERTE 87
   GLOSARIO DE SUPERSTICIONES, SIGNOS Y PRESAGIOS 97
   CONCLUSIÓN 104
SEGUNDA PARTE: HÉCATE 106
   INTRODUCCIÓN 107
   CAPÍTULO 1: ¿QUIÉN ES REALMENTE HÉCATE? 109

- CAPÍTULO 2: LA BRUJA HÉCATE 120
- CAPÍTULO 3: SIGNOS Y SÍMBOLOS DE HÉCATE 129
- CAPÍTULO 4: CONEXIÓN CON HÉCATE 140
- CAPÍTULO 5: HERBOLOGÍA DE HÉCATE 151
- CAPÍTULO 6: CREAR UN ALTAR PARA HÉCATE 166
- CAPÍTULO 7: EL DEIPNON Y OTROS RITUALES 176
- CAPÍTULO 8: HECHIZOS HECATEANOS 185
- CAPÍTULO 9: ADIVINACIÓN CON HÉCATE 196
- BONUS: HIMNO ÓRFICO A HÉCATE 206
- CONCLUSIÓN 208

VEA MÁS LIBROS ESCRITOS POR MARI SILVA 210
SU REGALO GRATUITO 211
REFERENCIAS 212
FUENTES DE IMÁGENES 223

Primera Parte: Supersticiones

La guía definitiva de supersticiones, señales, presagios, símbolos, adivinación, mitos, folclore e historia

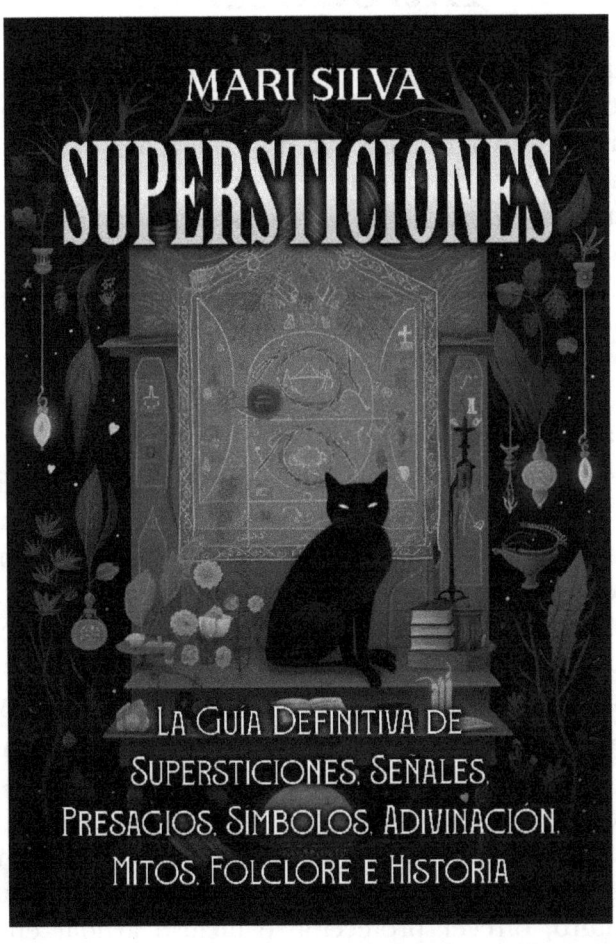

Introducción

Este libro le llevará de viaje por el fascinante mundo de las supersticiones, los mitos y los presagios. Desde que existen los seres humanos, hemos buscado un significado al mundo que nos rodea, lo que ha dado lugar a la creación de un rico y variado tapiz de creencias y prácticas. A lo largo de los siglos, hemos mirado al cielo, a la tierra y a los animales y plantas que nos rodean en busca de señales y símbolos que nos ayuden a comprender el mundo. Hemos recurrido a adivinos y pitonisas para intentar ver el futuro, y hemos utilizado objetos, alimentos e incluso números para atraer la suerte y alejar la desgracia. Desde la antigua creencia en los presagios hasta la práctica moderna del feng shui, hemos recurrido a estas creencias para que nos ayuden a sortear los altibajos de la vida.

Pero, ¿por qué creemos en estas cosas? ¿Qué hay en la psique humana que nos hace tan susceptibles a la superstición? Este libro responderá a esta pregunta explorando los factores psicológicos y culturales que contribuyen a que creamos en supersticiones y examinando el papel que el miedo, la incertidumbre y la necesidad de control han desempeñado en nuestras creencias. Comprenderá cómo la educación, el entorno y las experiencias vitales de las personas determinan sus creencias y prácticas.

También profundizaremos en el papel de la naturaleza y el medio ambiente en nuestras supersticiones. Las formas de las nubes, los patrones de vuelo de los pájaros y los colores del cielo tienen sentido y significado en las culturas de todo el mundo. Del mismo modo, el comportamiento de los animales y las propiedades de las plantas se han utilizado para predecir el futuro, ofrecer protección e incluso ayudar en la curación.

Además, puede estudiar las distintas formas en que se han utilizado las supersticiones a lo largo de la historia, desde las antiguas civilizaciones de Egipto y Grecia hasta el mundo moderno de los horóscopos y los amuletos de la suerte. Siga leyendo para explorar el fascinante simbolismo de los colores, los animales y los números, y profundizar en las muy diversas supersticiones en torno a los objetos, los alimentos e incluso el nacimiento y la muerte.

En conjunto, este libro ofrece una visión exhaustiva del mundo de las supersticiones, los mitos y los presagios; al final, comprenderá mejor este rico y complejo mundo. Tanto si es un escéptico como un verdadero creyente, en estas páginas encontrará algo intrigante y que le hará reflexionar. Así que, si está listo para explorar este mundo místico y desvelar los secretos de nuestras creencias colectivas, este libro es el lugar perfecto para empezar.

Capítulo 1: ¿Por qué creemos en supersticiones?

Con los avances tecnológicos y los descubrimientos científicos de hoy en día, cuesta creer que muchas personas sigan creyendo firmemente en supersticiones aparentemente irracionales. Sin embargo, tal vez le sorprenda saber que estas creencias se autocumplen y la psicología que hay detrás de ellas. Casi todas las supersticiones que se practican hoy en día en distintas partes del mundo tienen su origen en interesantes tradiciones, historias y mitos. Algunas incluso parecían perfectamente racionales y útiles en el momento de su creación.

Este capítulo se propone desmitificar qué son las supersticiones y que no son solo dichos que su abuelita soltaba en cualquier conversación a modo de advertencia. Profundizaremos en por qué muchas supersticiones parecen ciertas, aunque no estén respaldadas por pruebas científicas. Entenderá por qué mucha gente cree en ellas y cómo las personas que no creen en los presagios ni en los amuletos de la buena suerte también pueden volverse supersticiosas.

Este capítulo también explora algunas de las supersticiones más extendidas internacionalmente, explicando dónde y cómo se originaron, y destacando las diferencias y similitudes de las supersticiones entre culturas. Aprenderá cómo definen los antropólogos las supersticiones, por qué las estudian y cómo las clasifican. Por último, comprenderá la naturaleza interconectada de las supersticiones, los mitos y el folclore y cómo pueden darnos una idea de cómo pensaba, actuaba e interactuaba la gente con el mundo que les rodeaba.

¿Qué son las supersticiones?

¿Alguna vez ha entrado en un ascensor y se ha encontrado con que el edificio tiene una planta 12B, 14A o M en lugar de una 13? ¿El último avión que tomó carecía de una fila 13 o 17?

¿Le han dicho alguna vez que no debería celebrar su cumpleaños antes de tiempo? ¿Cómo reaccionaría la gente si abriera un paraguas dentro de su casa? ¿Le resuenan en los oídos las palabras "romperle la espalda a su madre" cada vez que pisa accidentalmente una grieta?

El número 13 se considera de muy mala suerte en la mayor parte del mundo, mientras que el 17 lleva el título de número de "mala suerte" en Brasil, Italia y algunos otros países. También se suele creer que los deseos y celebraciones de cumpleaños anticipados y el acto de abrir un paraguas en el interior de una casa atraen la mala suerte.

Todas estas son supersticiones que ha oído toda su vida, independientemente de lo supersticiosos que sean usted o su familia. Son creencias comunes que todo el mundo sigue a pesar de desconocer la verdadera razón que hay detrás de ellas.

No hay una única definición que pueda atribuirse a la palabra superstición. Es una forma de pensar y se refiere a cómo la gente percibe ciertos acontecimientos y sucesos. Las personas supersticiosas suelen creer en el destino, la suerte y otras fuerzas sobrenaturales y las asocian a símbolos o sucesos concretos. Las personas supersticiosas suelen sentir la necesidad de reducir los sentimientos de incertidumbre encontrando formas de predecir lo desconocido. Esto significa que las creencias y experiencias personales de un individuo dan forma a sus supersticiones, que luego transmitirán accidental o intencionadamente a sus hijos.

Por ejemplo, si se da cuenta de que parece tener un mejor día en el trabajo cada vez que ve una mariposa de camino a él, el sistema de recompensa de su cerebro se activará cada vez que se cruce con una mariposa. Automáticamente, esperará que su día vaya sobre ruedas y, por tanto, hará inconscientemente todo lo que esté en sus manos para que así sea.

Por otro lado, si cree en la superstición de los gatos negros y se cruza con uno por la mañana, asumirá automáticamente que su día está arruinado. Aunque usted no se autosabotee necesariamente, tampoco hará nada para tener un buen día. Si se encuentra con problemas o conflictos (previsibles en cualquier entorno laboral) no hará nada para solucionarlos porque "no serviría de nada". Si se enfrenta a problemas cuando espera que las cosas salgan bien, esto le animará a tomar medidas correctoras positivas. Las supersticiones se autocumplen porque las creencias de las personas influyen en sus actitudes y comportamientos, que a su vez dan forma a sus acciones.

También puede empezar a creer en una superstición, solo porque alguien se la ha señalado. Digamos que va a trabajar y su vecino le advierte del cuervo que lleva toda la mañana posado en el alféizar de su ventana. Dice que los cuervos dan mala suerte y que hay que tener cuidado. Se lo quita de encima, pero no lo olvida. Hay tráfico de camino al trabajo y llega tarde a una reunión importante. Se dice a sí mismo que esto le puede pasar a cualquiera y lo deja atrás. Luego, discute con su compañero de trabajo y, para colmo, toma la salida equivocada de camino a casa, ¡y ahora tiene que pasar 30 minutos más en la carretera! Normalmente, se diría a sí mismo que todo el mundo tiene días malos. Sin embargo, ahora que sabe que el cuervo que vio por la mañana atrae la mala suerte, es posible que empiece a creer que la superstición es cierta.

¿Por qué la gente cree en supersticiones?

Cada cultura, o incluso cada familia, tiene sus propias supersticiones arraigadas en la mente, el comportamiento y las interacciones cotidianas de su gente. Algunas supersticiones son incluso populares a nivel mundial. Si estas creencias y asociaciones carecen de respaldo científico, ¿por qué tanta gente cree en ellas?

Las creencias y comportamientos supersticiosos suelen infundir un sentido de dirección y control en quienes los practican. La idea de que el futuro, ya sea a corto o largo plazo, es altamente impredecible hace que muchas personas se sientan ansiosas. Para ellos, utilizar factores y sucesos externos para conocer el futuro o influir en determinados resultados les ayuda a sentirse tranquilos. Esto explica por qué la mayoría de las supersticiones se originan durante periodos de guerras, calamidades y crisis económicas, que hacen que surjan sentimientos de incertidumbre entre la gente.

Según el artículo académico de *The Conversation*, los individuos supersticiosos son más propensos a desarrollar actitudes mentales positivas. También son propensos a tomar decisiones irracionales guiadas por nociones como el destino y la buena o mala suerte.

Las personas supersticiosas no solo buscan señales en el mundo exterior, sino que también creen que pueden hacer ciertas cosas para atraer la buena fortuna. Por ejemplo, pueden llevar amuletos, llevar determinadas joyas o ropas, o preferir números o colores concretos en días importantes o al tomar decisiones significativas. También es posible que eviten hacer determinadas cosas o llevar ciertos objetos porque los asocian con la mala suerte.

Supersticiones en el mundo del deporte

Las supersticiones son muy populares en el mundo del deporte, sobre todo cuando hay competiciones. Le sorprenderá saber que alrededor del 80% de los atletas siguen regímenes supersticiosos antes de competir. La mayoría de los atletas descubren que estos comportamientos les ayudan a reducir la ansiedad y el estrés y les dan una mayor sensación de control sobre el resultado y los factores que escapan a su control.

Aunque cada jugador y cada juego tienen sus propias supersticiones particulares, existen puntos en común. Por ejemplo, los jinetes y gimnastas creen que se sentirán y parecerán más preparados si van bien vestidos y arreglados. Los futbolistas y otros deportistas pueden rezar para obtener buenos resultados. Muchos deportistas también practican supersticiones personales, como llevar ropa de la suerte o amuletos. Algunos jugadores también dedican determinadas prendas deportivas a las competiciones.

Si le gusta el baloncesto, es posible que ya conozca los comportamientos supersticiosos de Michael Jordan. Lleva pantalones cortos de la suerte debajo de su uniforme. Björn Borg, tenista de fama mundial, era conocido por llevar las mismas camisetas de marca. Rafael Nadal también sigue un ritual antes del partido que le ayuda a mejorar su rendimiento.

Aunque estos rituales no inclinan directamente la balanza a favor de los deportistas, pueden ayudarles a rendir mejor. Dado que estos rituales y prácticas pueden aliviar la ansiedad y hacer que los deportistas se sientan más fuertes, podrán centrarse más en su rendimiento que en sus pensamientos y sentimientos. Se sabe que el estrés y la ansiedad dificultan el rendimiento de las personas. Si un atleta no adopta sus comportamientos supersticiosos antes de competir, se sentirá ansioso y preocupado, lo que se hará evidente en el marcador.

Supersticiones extendidas internacionalmente

Aunque la idea general y la estructura de ciertas supersticiones son compartidas por muchos países de todo el mundo, el significado que hay detrás de ellas y las consecuencias que se derivan si se practican pueden variar.

A continuación, se presentan algunas supersticiones extendidas internacionalmente, sus orígenes, sus similitudes y diferencias entre culturas:

Tocar o golpear madera

En muchas culturas de todo el mundo, la gente cree que tocar o golpear un trozo de madera puede ayudarles a librarse de la mala suerte o atraer la buena fortuna. La frase tocar o golpear madera se originó en Gran Bretaña en el siglo XIX, pero hay poca información sobre la historia que hay detrás. Sin embargo, la mayoría de las explicaciones se remontan a los celtas, que pensaban que los árboles servían de hogar a deidades y otras criaturas celestiales. Los celtas pensaban que golpear los árboles era una forma de mostrar gratitud a los espíritus a cambio de abundancia o de pedirles guía y protección. Algunos creen que esta práctica también les ayudaba a librarse de la mala suerte, y a evitar que los malos espíritus se enteraran de la abundancia de la gente para que no revirtieran su buena fortuna. El acto de tocar o golpear la madera también puede remontarse al cristianismo, ya que muchos historiadores sugieren que la madera está asociada a la cruz de la crucifixión de Cristo.

Muchos otros sugieren que esta superstición no se remonta tan atrás en la historia. Según Steve Roud, folclorista británico, el acto de tocar madera procede de un juego de pillar del siglo XIX. En el juego de pillar, los niños que tocaban algún trozo de madera durante la partida no podían ser atrapados por los demás jugadores. Con la creciente popularidad del juego entre niños y adultos, la madera pasó a ser conocida como fuente de protección y, por tanto, la frase "tocar madera" se incorporó a la lengua vernácula británica.

Aunque nadie sabe de dónde procede la superstición, sigue siendo una de las creencias compartidas más populares en todo el mundo. Muchas culturas tienen incluso su propia versión de esta práctica. Por ejemplo, además de golpear dos veces la madera, los turcos se tiran de las orejas para ahuyentar los maleficios, y en Italia se dice "toca hierro" en vez de madera cuando se siente la tentación de adoptar conductas arriesgadas.

Brindar con agua

Según el manual de noche de la historia naval, las personas que brindan con un vaso de agua mueren ahogadas. Junto con el agua, los refrescos y los licores pueden traer mala suerte. Esta superstición también se remonta a la mitología griega, ya que los antiguos griegos evitaban brindar con agua por respeto al río Leteo. La leyenda dice que los que mueren navegan hacia el Inframundo a través de este río, por lo que brindar con agua implicaría desear la muerte por ahogamiento a uno mismo o a aquellos por los que se brinda. Los antiguos griegos también pensaban que utilizar un vaso de agua mientras se brindaba era una invitación a las deidades para que arrojaran una serie de mala suerte sobre la persona. El acto de evitar bridar con un vaso de agua es practicado por muchas culturas hasta nuestros días.

Gatos y pájaros negros

Gato negro [1]

Por desgracia, muchas supersticiones generalizadas afectan a la vida de otras criaturas inocentes. Se ha descubierto, por ejemplo, que los gatos negros tienen tasas de adopción más bajas que los de otros colores. También suelen ser tratados de forma diferente, discriminados, ignorados e incluso maltratados debido a la superstición de que son portadores de mala suerte. Estas creencias se acentúan en Halloween, ya que se asocia a los pobres peludos con las brujas. Muchas personas de todo el mundo creen que su día empeorará si se cruzan con un gato negro.

Sin embargo, los gatos negros no son las únicas criaturas relacionadas con los malos augurios. Por ejemplo, los surcoreanos creen firmemente que ver un cuervo negro les traerá mala suerte, y también piensan que son mensajeros de la muerte. En Reino Unido, se cree que los cuervos predicen la muerte inminente. Existe otra superstición según la cual la monarquía británica caerá si el número de cuervos avistados en la Torre de Londres, en un momento dado, es inferior a 6. Los escoceses y los irlandeses creen que la mala fortuna les llegará si ven una sola urraca; sin embargo, creen que estarán bien si se cruzan con dos o más de este tipo de ave.

Cómo clasifican los antropólogos las supersticiones

Los antropólogos estudian las supersticiones y la historia que hay detrás de ellas para comprender las diferencias entre culturas, entender cómo piensa la gente y aprender más sobre las distintas formas en que los individuos intentan dar sentido al mundo que les rodea. A los antropólogos les interesa descubrir cómo y por qué estas creencias y percepciones se transmiten de una generación a otra.

Definen las supersticiones como creencias y prácticas que no se apoyan en razonamientos lógicos o racionales ni en pruebas científicas y que están puramente moldeadas por creencias, experiencias o tradiciones grupales o individualistas. También suelen clasificar las supersticiones en tres categorías: interpretación de signos, supersticiones mágicas y supersticiones de conversión. La forma de clasificar las supersticiones depende de las prácticas, comportamientos, creencias y eminencias relevantes en un contexto cultural. En la mayoría de los casos, las supersticiones se clasifican como aspectos de sistemas espirituales o religiosos más amplios. Sin embargo, algunas personas creen que no son elementos de sistemas de creencias organizados.

La interpretación de signos y supersticiones se refiere a las creencias y prácticas supersticiosas que se basan en el contenido. Estas supersticiones requieren interpretar y analizar acontecimientos, sucesos, símbolos o signos como presagios de mala o buena fortuna. Un ejemplo de este tipo de superstición sería llevar una herradura para atraer la buena suerte.

Las supersticiones mágicas se asocian a prácticas y rituales utilizados para atraer la buena fortuna y alejar la mala suerte. Un ejemplo de este tipo de superstición sería llevar un amuleto para protegerse de las fuerzas del mal o realizar un ritual determinado antes de exámenes o competiciones para que los resultados sean favorables.

Las supersticiones de conversión se refieren a la idea de que un determinado suceso o práctica puede deshacer la mala suerte o convertirla en buena fortuna. Por ejemplo, una persona supersticiosa que pisa una grieta en la acera lo tomaría como un signo de mala suerte inminente. Sin embargo, podría echarse sal por encima del hombro para atraer la buena suerte y anular el presagio anterior.

Los antropólogos tienen cuidado de tener en cuenta los contextos sociales y culturales en los que se producen las supersticiones porque, aunque las prácticas sean las mismas en las distintas culturas, sus significados pueden diferir. También observan el papel que desempeñan en la vida de las personas y el grado de influencia que esas supersticiones ejercen sobre sus actos.

Cómo se interrelacionan las supersticiones, los mitos y el folclore

Los términos supersticiones, mitos y folclore suelen utilizarse indistintamente, por lo que muchos piensan que todos ellos se refieren a cuentos antiguos y caprichosos. En efecto, estos términos presentan personajes y argumentos imaginativos; sin embargo, todos pretenden cumplir un propósito importante: explicar el mundo y responder a las preguntas fundamentales de la vida.

Por aquel entonces, la gente no disponía de los conocimientos y la tecnología necesarios para dar sentido al mundo que les rodeaba. No entendían por qué se producían fenómenos básicos, así que tenían que encontrar otras formas de explicarlos. Por ejemplo, no se daban cuenta de que las sequías estaban causadas por cambios medioambientales y, por tanto, suponían que habían molestado al dios de las lluvias. No conocían los motivos de sus dolencias, por lo que culpar al cuervo negro que habían visto antes les pareció razonable en aquel momento.

Cada uno de estos términos tiene características únicas; sin embargo, todos se parecen en que su significado no se ha desvanecido con el tiempo. También están relacionados en la forma en que transmiten tradiciones culturales, valores, ideologías, prácticas y creencias a través de las generaciones. Cada una de ellas conserva los elementos culturales de forma diferente, lo que permite comprender cómo pensaba y actuaba la gente y refleja la forma en que los individuos solían abordar el mundo que les rodeaba e interactuar con él. Se puede saber mucho de una cultura leyendo sus mitos y folclore y explorando sus supersticiones.

¿En qué se diferencian?

Los mitos son relatos tradicionales que dan respuesta a preguntas básicas sobre la vida, la creación y el mundo. Se solían contar oralmente para explicar sucesos sobrenaturales, ciertos fenómenos y misterios. También se utilizaban para respaldar tradiciones culturales y reforzar normas y valores entre la gente. Los mitos que giraban en torno a deidades y otras criaturas espirituales eran sagrados y aún hoy influyen en varios aspectos de muchas culturas. A menudo explicaban ciertos acontecimientos a la luz de creencias espirituales, como la ocurrencia de desgracias debidas a dioses molestos o a conflictos entre ellos.

Los mitos y sus personajes influyen en muchas supersticiones, como brindar con agua. Las supersticiones no son más que elementos de los mitos y están influidas por ellos; los términos no son intercambiables. Mientras que los primeros son historias tradicionales que comprenden personajes y acontecimientos, las supersticiones son creencias que *pueden o no haber* aparecido en los mitos.

Mientras que los mitos suelen girar en torno a deidades y explicar cómo se originaron las culturas y los pueblos, el folclore gira en torno a las personas y otros seres vivos. Las mitologías exploraban la vida a través de una lente espiritual, y los cuentos populares captaban la esencia y los aspectos comunes de la vida cotidiana. El folclore nos da información sobre cómo vivía la gente. Estos cuentos exploran los retos y conflictos comunes a los que se enfrentaba la gente de la época y lo que hacían para superarlos. Las supersticiones son elementos populares en las historias culturales y los cuentos populares.

Ahora que ha leído este capítulo, entiende por qué muchas personas, por muy cultas e inteligentes que sean, siguen creyendo en supersticiones y permiten que influyan en diversos aspectos de sus vidas. Las prácticas supersticiosas dan a las personas una mayor sensación de control sobre sus vidas y les ayudan a aliviar su ansiedad ante situaciones imprevisibles. Las supersticiones suelen ofrecer una sensación de comodidad y seguridad. Muchas culturas también utilizan estas creencias para introducir y desarrollar valores y normas culturales. Las supersticiones son armas de doble filo. Son trucos mentales que pueden animarnos a trabajar duro o a sucumbir al statu quo. El trabajo duro trae buena suerte, así que no se preocupe la próxima vez que le sienten en la fila 13 o pise una grieta en la acera.

Capítulo 2: Superstición y adivinación

La adivinación se refiere al oficio utilizado para interpretar el futuro o identificar las influencias de las acciones pasadas y presentes. También forma parte de un grupo más amplio de prácticas denominadas adivinación. Esta última se utiliza para desvelar conocimientos ocultos a través de la magia y la intuición. Aunque los conceptos de adivinación y predicción suelen utilizarse indistintamente, la adivinación suele revelar información a una escala mucho mayor. No obstante, tanto la predicción como la adivinación suelen estar vinculadas a la superstición. Este capítulo explora la relación entre adivinación y superstición. También ofrece métodos de adivinación populares y sencillos sugeridos para principiantes, como la lectura de hojas de té, la adivinación, la lectura del tarot y la escritura automática.

La relación entre superstición y adivinación

La adivinación consiste en buscar el significado de patrones y símbolos. Muchos de estos patrones proceden de la observación de la naturaleza y de las causas de sus acontecimientos. Incluso en la antigüedad, la gente estaba estrechamente vinculada a la naturaleza y a lo que esta hacía e intentaba encontrarle sentido. Aunque (para el ojo inexperto) pueda parecer imposible dar sentido a patrones aleatorios, la mente inconsciente es muy buena encontrando significados incluso cuando aparentemente no los hay. Un gran ejemplo es la capacidad de las personas para ver caras y otras imágenes en los seres vivos y los objetos no vivos que les rodean. Este fenómeno también es responsable del nacimiento de muchas supersticiones. Al ver algo que no podían interpretar, la gente encontraba interpretaciones alternativas para formas y símbolos y los relacionaba con objetos conocidos de características similares. A lo largo de la historia, las clases trabajadoras y bajas a menudo no podían concebir el razonamiento que había detrás de las desgracias y otros acontecimientos repentinos. Como estos sucesos aparentemente inexplicables les hacían sentir que no tenían control sobre sus vidas, simplemente encontraban una explicación diferente para ellos, recuperando así el ansiado control. Los signos o símbolos que percibían justo antes de los sucesos se vinculaban a las nuevas explicaciones. Si su subconsciente asocia un objeto o un animal con un acontecimiento concreto, interpretan la visión de este último como una señal de ese acontecimiento, que es también cómo funciona la adivinación en general.

Símbolos y adivinación

Sea cual sea el método de adivinación que utilice, ser adivino le permite convertirse en un medio a través del cual recopila información. Puede obtener conocimientos sobre sí mismo o sobre otra persona buscando información sobre su futuro, presente o pasado. Para los principiantes, empiece a practicar adivinando primero para sí mismo antes de emprender la tarea de guiar a otros. Esto le dará la experiencia de crear una conexión entre sus herramientas, es decir, el método elegido y su intuición. Tanto si busca información sobre el amor, las finanzas o la espiritualidad, tendrá que aprender a afinar su lectura.

En este capítulo, se le darán varias técnicas, cada una de las cuales requiere que descifre mensajes buscando formas y símbolos. Cualquier cosa que vea creará un simbolismo en su mente, que le ayudará a formar una conexión entre la explicación en su mente inconsciente y la imagen en su mente consciente. Esta conexión es la clave para descifrar mensajes adivinatorios. En el capítulo siguiente, leerá sobre el simbolismo de diferentes supersticiones. Interpretar estos símbolos es como adivinar el futuro. Una vez más, su mente interpreta un signo que ve y lo relaciona con una creencia oculta en su subconsciente.

Métodos adivinatorios populares

La adivinación es un arte antiguo. En el antiguo Egipto, Babilonia y China ya se utilizaban innumerables registros arqueológicos de diferentes métodos adivinatorios en el año 4000 a.C. Los escritores romanos también han recogido las prácticas adivinatorias de los antiguos druidas. Aunque la mayoría de las prácticas adivinatorias se suprimieron durante siglos, resurgieron en los siglos XIX y XX y volvieron a ganar popularidad. Los métodos adivinatorios han evolucionado mucho, desde entretenidos juegos de salón hasta herramientas para adquirir conciencia de sí mismo e iluminación espiritual. A continuación, se presentan varios métodos de adivinación populares y sencillos que puede probar para saber más sobre su futuro, su fortuna y sus asociaciones supersticiosas.

Adivinación

La adivinación es una técnica que consiste en mirar a una superficie reflectante y utilizarla como herramienta para comprender diferentes situaciones o encontrar objetos perdidos. Tradicionalmente, se miraba a través de una bola de cristal o la luna. Sin embargo, la práctica ha evolucionado y, en la actualidad, se puede utilizar humo, la llama de una vela, una hoguera de leña, una gran masa de agua tranquila (como un estanque o un lago), cuencos de adivinación, pequeños cuencos con agua, posos de café y hojas de té. No solo eso, sino que también puede utilizar diferentes elementos de la naturaleza o de su entorno para discernir mensajes espirituales. Cualquier objeto o ser vivo que vea a su alrededor puede utilizarse como herramienta de videncia. De hecho, la mayoría de las supersticiones se han originado a partir de las ideas de la gente al mirar un objeto o animal en particular mientras realizaba la adivinación inconscientemente. Además de responder a preguntas sencillas, la adivinación también puede ayudarle a encontrar respuestas a cuestiones difíciles y a resolver problemas complejos. Puede encontrar claridad en sus relaciones o conocer las consecuencias de sus acciones actuales. O para relajar la mente y disipar las preocupaciones cotidianas. Solo necesita su herramienta preferida y técnicas de relajación. Una vez que las tenga, puede empezar a adivinar.

Instrucciones:
1. Empiece por encontrar un lugar tranquilo donde no le molesten. Encienda una vela y apague todas las luces artificiales y aparatos que puedan distraerle. Si lo prefiere, queme incienso, ponga música relajante o utilice cualquier otra cosa que le resulte útil para relajarse. Su cuerpo debe estar erguido, los hombros relajados, pero no encorvados. Cierre los ojos y concéntrese en su respiración.

2. Coloque la herramienta de adivinación frente a usted. Calme su mente y su cuerpo hasta alcanzar un ligero estado de trance. Su mente debe centrarse únicamente en su intención. Algunas de las mejores formas de entrar en este estado son la atención plena o las técnicas de respiración, la repetición de mantras y el yoga.
3. Cuando haya encontrado su quietud interior, debería sentir como sus sentidos irradian energía espiritual y centrarse en su herramienta de adivinación.
4. Dirija su mirada suavemente a su herramienta y mantenga la mente abierta a cualquier pensamiento o imagen que le inspire la herramienta de adivinación. Puede que no reciba una respuesta a la pregunta que ha formulado. Si esto ocurre, es que estaba buscando otra cosa en lo más profundo de su subconsciente, solo que no era consciente de ello. Otras veces, la respuesta que obtenga estará indirectamente relacionada con su pregunta: solo tendrá que averiguar cómo.

La clave para dominar la adivinación es confiar en su intuición. Aunque esto pueda parecer bastante sencillo, a menudo requiere mucha práctica, sobre todo si no tiene experiencia en el uso de su intuición y de las herramientas de adivinación. Cuando usted consulta, se está comunicando con su mente subconsciente, pidiéndole información almacenada allí. Esto está fuera del alcance de su consciente y de su sentido común, por lo que no es consciente de ellos. Sin embargo, su subconsciente proyectará los mensajes en la herramienta. Aparecerán como imágenes y pensamientos que reconoce, haciendo que su mente consciente se dé cuenta de ellos. Para ello necesitará tanta concentración como pueda reunir. Si tiene problemas para concentrarse, intente practicarlo a última hora de la tarde. A esa hora, es menos probable que le molesten, y su mente tendrá menos probabilidades de quedarse atascada en ideas inconexas.

Puede practicar durante el día si no tiene tiempo o se siente demasiado cansado para practicar la adivinación por la noche. De hecho, puede realizar la adivinación siempre que esté haciendo algo que requiera que permanezca quieto o que se concentre en una tarea específica. Por ejemplo, cuando se ducha, se concentra en ducharse y está desconectándose de todo lo demás. Sin darse cuenta, está entrando en el estado de trance necesario para la adivinación. Por eso, estos momentos son perfectos para practicar la adivinación. Basta con mirar las superficies que lo rodean para que su intuición descubra algo.

Lectura de las hojas de té

Lectura de las hojas de té con un pájaro volando y un perro[1]

La lectura de hojas de té, o taseomancia, es una forma específica de adivinación. Es un método relativamente nuevo que ha ganado popularidad en el último siglo. Como cualquier otra técnica de adivinación, la lectura de las hojas de té requiere el uso de una superficie para traducir los mensajes del subconsciente. Necesitará una taza de té, un cuenco o plato y té para leer las hojas de té. A la hora de elegir la taza de té, escoja una redonda, con un cuenco poco profundo y un asa grande. Debe ser de color blanco o pálido para crear un mayor contraste entre su superficie y las hojas de té. Así será más fácil ver las formas y los símbolos e interpretar sus mensajes. En cuanto a la infusión, necesitará un té de hojas sueltas, y puede utilizar mezclas de hierbas y mezclas con especias. La textura de las hojas debe ser media, no demasiado fina, pero tampoco demasiado gruesa.

Instrucciones:

1. Coloque una cucharadita de hojas sueltas en la taza y vierta agua hirviendo sobre ellas. Déjelas reposar durante 3-4 minutos. También puede preparar el té en una tetera sin colador

incorporado. Las hojas tendrán que ir a la taza junto con el agua. Si opta por este método, remueva el té antes de verterlo, para que las hojas se distribuyan por igual en la infusión.

2. Después de verter la infusión (o de remojar las hojas en la taza), deje que las hojas se asienten un poco más. Cuando el té se haya enfriado a la temperatura que le guste, tome la taza con su mano no dominante (utilice la izquierda si es diestro y la derecha si es zurdo).

3. Beba el té lentamente. Tómese su tiempo para disfrutarlo. Esto es fundamental para relajarse antes de la adivinación. Beba el té en un ambiente tranquilo. Apague cualquier dispositivo que pueda distraerle y tómese unos minutos para despejar su mente.

4. Mientras bebe el té, empiece a concentrarse en su intención. ¿Tiene alguna pregunta concreta que desea que le respondan? Si no es así, intente formular una. Intente formular una pregunta que tenga una perspectiva más amplia. Por ejemplo, en lugar de preguntar "¿Qué debo hacer mañana por la mañana?". Intente hacer preguntas como: "¿Debería buscar trabajo mañana por la mañana?".

5. Si no tiene ninguna pregunta, no se preocupe. Para los principiantes, también es aceptable leer las hojas de té sin preguntas. Obtendrá una lectura general de su futuro, que también es genial para practicar este método de adivinación.

6. Cuando solo quede una pequeña cantidad de líquido en la taza, gírela en sentido contrario a las agujas del reloj. Repita este movimiento dos veces más para esparcir las hojas por los lados de la taza.

7. Coloque una toalla de papel en el plato y, lentamente, dé la vuelta a la taza, colocándola sobre el plato. Deje que escurra el exceso de líquido, dé tres golpecitos en el fondo de la taza y dele la vuelta.

8. Levante la taza por un lado. El asa debe apuntar hacia el corazón. Observe el contenido de la taza desde varios ángulos. Estudie los símbolos o formas particulares que le llamen la atención. Además de las imágenes formadas por las hojas, fíjese también en las formas creadas por las superficies blancas de la taza.

9. Observe detenidamente cómo se forman las formas. Puede que no se parezcan a nada, pero no descarte ningún pensamiento o imagen que le recuerden. Puede que las imágenes no tengan

sentido para su mente consciente, pero su intuición encontrará los significados ocultos. Si la escucha, traducirá estos mensajes a su conciencia.

Aunque no hay reglas para la lectura de las hojas de té, hay algunas cosas que debe recordar. Por ejemplo, la colocación de las formas puede indicar áreas específicas de la vida. Las formas más cercanas a las asas de las tazas suelen asociarse con la familia, el hogar y la propia imagen. Estas áreas pueden indicarle problemas con los que está luchando actualmente. Debe leer las hojas en el sentido de las agujas del reloj, empezando por el borde a la izquierda del asa. En espiral descendente, gire lentamente la taza y siga observando las hojas hasta llegar al fondo.

Las formas cercanas al borde de la taza están relacionadas con el futuro inmediato. Lo que vea en ellas estará relacionado con los próximos días. Las imágenes del centro de la taza se correlacionan con acontecimientos y situaciones que ocurrirán en un par de semanas. Las formas de la parte inferior están asociadas a acontecimientos que se producirán en el próximo mes.

Aunque existen tablas de símbolos para las hojas de té, la forma más eficaz de obtener resultados es escuchar los significados intuitivos de las imágenes. Por ejemplo, si puede ver un libro en las imágenes, podría tratarse de un mensaje relacionado con un nuevo capítulo de su vida. O podría estar asociado a su afición por la lectura, dependiendo de lo que le diga su instinto. Aunque las letras en las hojas de té se relacionan tradicionalmente con personas importantes en su vida, también podrían estar relacionadas con un lugar que desea visitar o visitará en el futuro. También debe prestar atención a cómo se relacionan los símbolos entre sí. Algunos símbolos tienen significados diferentes cuando aparecen junto a otros.

En primer lugar, debe centrarse únicamente en descifrar los mensajes de los símbolos individuales. Cuando lo domine, puede intentar crear una historia a partir de las distintas asociaciones que descubra en las hojas de té. Según la tradición, las hojas de té solo pueden revelar resultados positivos. En consecuencia, solo debe centrarse en los acontecimientos y situaciones positivas y evitar hacer preguntas sobre los negativos.

Lectura del tarot

Lectura de cartas del tarot [9]

La lectura del tarot es un conocido método de adivinación que utiliza cartas del tarot con significados predeterminados y las conecta con el subconsciente de cada uno. Cada carta tiene su propia historia, que es parte de una imagen mucho más grande. Para dominar la lectura del tarot para la adivinación, usted tendrá que aprender acerca de los principales significados de las cartas. Las barajas de tarot constan de 78 cartas, divididas en arcanos mayores y arcanos menores. Las 22 cartas de los arcanos mayores cuentan la historia de un viaje (comúnmente conocido como el viaje del loco). Las 56 cartas de los arcanos menores muestran detalles matizados del viaje, la situación o los resultados de una persona. Las cartas del tarot no revelan escenarios exactos del futuro. Sin embargo, ofrecen una guía para interpretar los acontecimientos futuros basándose en sus pensamientos, acciones e influencias externas. Además de aprovechar el significado general de cada carta, la lectura del tarot también se basa en su intuición. Al mirar las cartas que saca, las interpreta basándose en lo que su subconsciente le dice sobre ellas. Esto le anima a practicar la autoconciencia y a aprender más sobre sus pensamientos, deseos y necesidades más profundos.

Instrucciones:
1. Prepare su cuerpo y su mente relajándose. Después de despejar la mente, empiece a centrarse en una pregunta. Evite hacer

preguntas que requieran respuestas pasivas. Por ejemplo, en lugar de empezar su pregunta con "¿Debería...?", empiece con "¿Qué necesito aprender sobre...?".

2. Intente hacer una pregunta que muestre un panorama más amplio, de modo que las cartas puedan iluminar el camino que debe recorrer para alcanzar el resultado previsto. Puede preguntar a las cartas por qué le angustian las supersticiones. O puede pedir orientación para comprender sus creencias y preguntar en qué áreas de la vida debe centrarse para superar los obstáculos y las supersticiones.

3. Una vez que haya pensado en sus preguntas (los principiantes deberían empezar a practicar con una sola), coloque la baraja del tarot en sus manos y bájela. Puede utilizar el método de barajar por encima de la cabeza y sostener el mazo con una mano y utilizar la otra para llevar las cartas de un lugar a otro del mazo. También puede cortar la baraja dividiéndola en montones más pequeños, mezclando el orden de los montones y combinándolos en uno solo. Otra forma de barajar es mediante el método de barrido. Esto implica colocar todas las cartas sobre la mesa, reunirlas en un montón y ordenarlas en una baraja ordenada.

4. Saque una carta del mazo. La forma más fácil de hacerlo es dividir el mazo a la izquierda y sacar la carta de la parte superior. También puede abrirlas en abanico y elegir la que más le atraiga. Esto último es especialmente eficaz para conectar con su intuición.

5. Como principiante, empiece a practicar con una sola carta. Una vez que haya aprendido a interpretar los mensajes de la lectura de una carta, puede aventurarse a sacar varias cartas y hacer tiradas populares.

6. Cuando haya sacado una carta, póngala boca abajo. Respire hondo y dele la vuelta. Observe sus imágenes y palabras, y piense en lo que significan para usted. No piense demasiado. Cualquier pensamiento que le venga a la mente primero proviene de su consciente, y esto es lo que está buscando cuando utiliza su intuición para las lecturas del tarot.

7. Si no puede encontrar ningún significado a la carta que ha sacado, refiérase a su simbolismo predeterminado. Estos pueden ser grandes peldaños para aprender a descifrar lo que las cartas están tratando de decirle.

Las tiradas de una carta son la forma más fácil de iniciarse en las lecturas del tarot. Puede tirar una carta diariamente para fortalecer su conexión intuitiva con las cartas. Puede responder a preguntas sencillas y, si le interesa obtener más detalles, puede tirar tres cartas. Y cuando esté listo para hacer tiradas, puede hacer una tirada de cinco cartas para la intuición y la claridad o una lectura de siete cartas para un análisis más profundo de las diferentes influencias en sus resultados futuros.

Escritura automática

La escritura automática es otra forma popular de adivinación. Al igual que las cartas del tarot, la escritura también puede convertirse en una herramienta para extraer conocimientos de su subconsciente. O puede utilizarla para intercambiar mensajes con el mundo espiritual. Solo necesitará un bolígrafo y papel y canalizar su intención para dejar que los mensajes fluyan a través de usted sin que usted dicte conscientemente este proceso. También puede utilizar métodos de escritura modernos (dispositivos móviles, teclados de ordenador, etc.). Aun así, es más probable que la forma tradicional le ayude a conectar con su subconsciente y que tenga más éxito a la hora de descifrar el futuro a través de la escritura automática.

Instrucciones:

1. Empiece por encontrar un lugar tranquilo y sin distracciones. Tome un trozo de papel y un bolígrafo o un lápiz, y elimine cualquier desorden del espacio que tenga delante. Prepárese meditando o realizando cualquier otra técnica de atención plena. El objetivo es relajarse y empezar a centrarse en su intención.

2. Cuando haya despejado su mente, piense en la pregunta que quiere hacer sobre el futuro. Es importante que formule la pregunta de la manera más sencilla posible. Para empezar, céntrese solo en la pregunta más apremiante. Puede dirigirse la pregunta a sí mismo o a un guía espiritual con el que desee ponerse en contacto.

3. Relájese un poco más respirando profundamente un par de veces. Cuando esté preparado, coloque el bolígrafo en su mano. Deje que toque el papel sin dirigir conscientemente su movimiento. Si siente la necesidad de controlar su escritura, deje el bolígrafo y despeje su mente antes de continuar.

4. Intente no escribir conscientemente, sino dejar que su mano haga lo que le resulte natural. Deje que escriba automáticamente sin mirar el papel. Cierre los ojos si eso le ayuda a evitar mirar lo que su mano está escribiendo. Tómese su tiempo. Puede que necesite unos minutos para que los pensamientos empiecen a fluir desde su subconsciente.

5. Cuando haya terminado la sesión, mire el papel. Al principio, puede que lo que haya escrito no tenga sentido o que parezca que ha garabateado palabras, números o dibujos al azar. Sin embargo, debe intentar interpretarlo. Piense en lo que significa para usted cada palabra o símbolo y lo que podrían significar en relación con su pregunta.

6. Si no ha conseguido descifrar lo suficiente como para responder a su pregunta, no se preocupe. A veces, los principiantes tardan un par de intentos en obtener respuesta a una pregunta. Encontrar técnicas de relajación que se adapten a su personalidad suele ayudar a acelerar el proceso. Y cuando empiece a recibir mensajes, recuerde mantener una actitud abierta ante ellos.

Capítulo 3: En busca de señales y presagios en el cielo

Antiguamente, la gente creía que los elementos del cielo contenían indicaciones y presagios sobre su destino. Desde las estrellas hasta el vuelo de los pájaros y las nubes, en su imaginación siempre ha existido la curiosidad y la emoción asociadas a la adivinación del destino a través de los signos y presagios del cielo. Las culturas antiguas abrazaban la naturaleza y buscaban en ella guía y conocimiento de cosas que iban más allá de la percepción humana. Con el paso del tiempo y el desarrollo de nuestra comprensión del mundo físico, estas antiguas creencias se han convertido en una novedad o curiosidad. Sin embargo, a pesar de los cambios de perspectiva de la sociedad, todas las culturas siguen fascinadas por lo que esconde la extensión azul que se eleva sobre nosotros cada mañana.

¿Qué son los presagios?

Los presagios son signos o señales del mundo natural que algunos consideran indicadores de acontecimientos futuros. Pueden adoptar diversas formas, como sonidos, objetos u otras cosas físicas. Muchas culturas los consideran una forma de entender la voluntad divina de los dioses y otras fuerzas sobrenaturales. En algunas sociedades, los presagios se consideran símbolos de buena suerte; en otras, se asocian más con el miedo y la superstición.

Los presagios se han estudiado y documentado ampliamente a lo largo de la historia de la humanidad. Los antiguos textos chinos describen cómo se utilizaban los presagios para predecir acontecimientos importantes, como batallas, inundaciones y fenómenos meteorológicos. Los antiguos griegos también tenían un sistema para interpretar los acontecimientos naturales y ver mensajes proféticos de los dioses. En culturas de todo el mundo, los pájaros se han asociado a los presagios. En particular, se dice que ver un pájaro blanco trae buena suerte, mientras que ver un pájaro negro suele considerarse una mala noticia.

En la escritura y la literatura, los presagios se han incorporado a las historias para crear tensión o presagiar acontecimientos futuros. Algunos ejemplos son Macbeth, de Shakespeare, o la Odisea, de Homero, donde las intervenciones sobrenaturales actúan como advertencias o presagios de lo que está por venir. Incluso hoy en día, algunos siguen creyendo que ciertos objetos o sucesos pueden tener un significado especial sobre su destino o fortuna personal y los utilizan como guía para sus decisiones en la vida.

En general, un presagio es un acontecimiento o señal que alguien interpreta que tiene un significado espiritual más profundo de lo que puede parecer en la superficie. Según las distintas creencias y tradiciones, puede traer resultados positivos o negativos dependiendo de su forma y contexto. Independientemente de cómo se interprete, nos recuerda que poderes invisibles que escapan a nuestro control determinan nuestras vidas.

Buenos presagios frente a malos presagios

Los presagios, que forman parte de la cultura humana desde hace miles de años, se consideran señales de un poder superior que predice el futuro y puede influir en las decisiones y el comportamiento de las personas. La idea que subyace tras los presagios es que pueden dar una idea de lo que está por venir, y algunas personas se los toman muy en serio. En muchas culturas se distingue entre buenos y malos augurios: los primeros se consideran indicadores favorables y los segundos, desfavorables.

Los buenos augurios suelen referirse a acontecimientos naturales o sobrenaturales considerados positivos o esperanzadores para el futuro. Un arco iris puede considerarse un signo de buena suerte o de protección contra el peligro, mientras que el avistamiento de ciertos animales, como las águilas, se consideraba un acontecimiento auspicioso que traería el éxito o la fortuna. Otros ejemplos son las libélulas, que significan cambio o transformación; las mariquitas, que simbolizan nuevos comienzos; y los tréboles de cuatro hojas, que traen buena suerte. Todos estos símbolos ofrecen esperanza y prometen un resultado deseable en cualquier situación en la que aparezcan.

En cambio, los malos augurios indican resultados indeseables y suelen implicar elementos más oscuros, como la muerte o la desgracia. En algunas culturas, la aparición de ciertos animales, como los murciélagos, se consideraba un presagio de mala suerte o muerte. Lo mismo ocurría con los gatos negros que se cruzaban en el camino. También se creía que otros símbolos, como un espejo roto, traían siete años de mala suerte, mientras que estornudar tres veces se consideraba una advertencia de peligro inminente.

¿Qué pudo influir en estas creencias?

Muchos creen que estas asociaciones proceden de antiguas tradiciones espirituales que buscaban dar sentido a lo desconocido relacionándolo con fenómenos conocidos de la naturaleza. El hecho de que algunos animales fueran más raros que otros probablemente los hacía más misteriosos y, por tanto, se asociaban a un mayor poder o significado en algunos casos. Del mismo modo, colores como los del arco iris tenían un fuerte significado simbólico, ya que no podían explicarse únicamente por medios naturales. La gente también atribuía significado a fenómenos físicos como las tormentas porque parecían muy poderosos y fuera de su control, algo que atribuían a la intervención divina y no a la mera casualidad. Además, las supersticiones transmitidas de generación en generación pueden haber reforzado aún más estas creencias. En cualquier caso, parece que los humanos seguirán encontrando formas de interpretar su entorno y buscar significados más allá de lo tangible en este mundo.

Ejercicio de atención plena

Aprender a comprender los presagios presentes en la vida cotidiana puede ser una herramienta útil para mantener la concentración en el momento presente y notar cualquier señal o bendición en nuestras vidas. Para empezar, reserve un tiempo cada día para centrarse en los pequeños momentos. Pueden ser cinco minutos de afirmaciones positivas, ejercicios de respiración profunda o meditación consciente. Esto le ayudará a despejar la mente y le dejará más abierto a recibir cualquier mensaje transmitido a través de símbolos y señales. A lo largo del día, preste atención a las coincidencias, los destellos de inspiración y las impresiones que llegan flotando a su mente. Estas intuiciones podrían ser pistas sobre cómo avanzar en una situación complicada u ofrecerle una visión de las posibilidades futuras. También debe aprender a escuchar tanto con los oídos como con el corazón. Considere todas las formas de comunicación como posibles presagios. Tanto si se trata de una conversación significativa en el parque como de las palabras de una valla publicitaria mientras conduce, pueden ayudarle a tomar decisiones y situaciones en la vida. Por último, tome nota de cómo estas señales le están ayudando a notar cambios sutiles en su interior para pasar a la acción a través de cualquier oportunidad potencial que se le presente.

Ejercicio de atención plena para captar y comprender los presagios:

1. **Encuentre un lugar tranquilo:** Comience por encontrar un lugar tranquilo donde pueda estar solo y sin molestias. Puede ser su habitación, el balcón o incluso un parque, si tiene acceso a uno. Pase algún tiempo sin distracciones en este espacio y simplemente concéntrese en usted mismo estando presente.

2. **Respire hondo y despacio:** Cuando se encuentre en el entorno adecuado, respire lenta y profundamente por la nariz con los ojos cerrados. Esto le ayudará a despejar todos los pensamientos que puedan surgir del ajetreo de su vida o de la ansiedad por lo que ocurra más tarde, hoy o mañana. Concéntrese solo en su respiración durante al menos cinco minutos, permitiéndose relajarse y ser más consciente del momento presente.

3. **Tome conciencia de su cuerpo:** Después de respirar profundamente, empiece a tomar conciencia de su cuerpo y de las sensaciones que experimenta. Observe cómo siente los pies contra el suelo o si la brisa le roza la piel. Preste atención a cada detalle que pueda percibir en ese momento, sin juicios ni expectativas. Esto le ayudará a volver al presente y le permitirá estar más en sintonía con los posibles presagios que le rodean.

4. **Ábrase a lo que le rodea:** Ahora que está conectado con su propio cuerpo, ábrase a lo que le rodea. Tómese un tiempo para observar todo lo que ocurre en ese entorno, desde las conversaciones de la gente hasta los pájaros que vuelan cerca. Deje que su mirada se detenga en cada cosa sin intentar analizarla o comprenderla. Simplemente observe desde la distancia y vea qué sensaciones le producen esas cosas que le rodean.

5. **Préstele atención a cualquier signo significativo:** Tras unos minutos de observación, empiece a prestar atención a cualquier señal significativa que pueda aparecer. Puede tratarse de cualquier cosa, desde el piar de un pájaro en un momento inesperado hasta un viento repentino que sopla entre los árboles. Sintonice con estos momentos y tome notas mentales de ellos para recordarlos más tarde si es necesario.

6. **Reflexione sobre las posibles interpretaciones:** Después de tomar nota de todos los posibles presagios, siéntese y reflexione sobre lo que podrían significar. Recuerde que los presagios están abiertos a la interpretación y tienen significados diferentes para cada persona. No sea duro consigo mismo si no obtiene respuestas claras de inmediato. Simplemente tómese un tiempo para reflexionar sobre las posibles interpretaciones de estos signos, y asegúrese de mantener una mente abierta al hacerlo.

7. **Actúe:** Una vez que haya reflexionado sobre todos los presagios y sus significados, es el momento de decidir qué debe hacer con esta información. Dependiendo del tipo de presagio que sea, puede haber una acción o decisión que deba tomar para que su vida avance positivamente. No tenga miedo de arriesgarse y confíe en su instinto a la hora de tomar decisiones, ya que estos presagios a menudo pueden ser una señal de algo grande que está a punto de llegar a su vida.

Siguiendo este ejercicio de atención plena, debería ser capaz de ser más consciente del presente y captar cualquier presagio potencial. Recuerde mantener la mente abierta al interpretarlos, actuar si es necesario y centrarse en el aquí y ahora para no perderse ninguna señal o mensaje importante.

Presagios celestiales

1. Avistamiento de una estrella fugaz

Las culturas de todo el mundo consideran que ver una estrella fugaz es un presagio de buena suerte. Esta superstición se originó probablemente en las celebraciones que solían tener lugar cuando se veía una "estrella fugaz" brillante. El folclore romano y griego vinculaba las estrellas con el destino y la fortuna, por lo que avistar una se consideraba a menudo una señal de que pronto llegaría la buena suerte. En algunas culturas, incluso simboliza la concesión de deseos. En todas las culturas, ver una estrella fugaz sigue considerándose un buen presagio y llama a la esperanza, la fe y la perseverancia en el camino de la vida. No importa su origen o creencias, todos podemos deleitarnos con la belleza de ver una estrella fugaz iluminando el cielo nocturno y recordar mantener vivo nuestro sentido de la maravilla.

2. Halo alrededor de la Luna

Ver un halo alrededor de la Luna ha sido un presagio de mal tiempo durante siglos, y las historias sobre su significado varían de una cultura a otra. Los orígenes de este concepto se remontan a la antigua Grecia, donde se creía que Zeus, el dios principal, lanzaba flechas al cielo para producir lluvia o granizo. Muchas culturas adoptaron esta creencia a partir de ahí, viendo un halo lunar como un signo de la ira de Zeus. Las distintas culturas interpretan su significado de manera diferente; algunas dicen que presagia tormentas, mientras que otras creen que traerá suerte y buena fortuna. Sin embargo, lo que sí está ampliamente aceptado es que cuando aparece un halo alrededor de la Luna, se avecina algún tipo de fenómeno meteorológico. Aunque la ciencia aún no ha demostrado exactamente qué causa la aparición de estos halos alrededor de la Luna, una cosa es cierta: si ve uno, ¡más vale que se prepare para algo salvaje!

3. Observar los cinco planetas visibles

La inexplicable visión de los cinco planetas visibles en el cielo a la vez se considera un presagio en muchas culturas que abarca generaciones y galaxias. Esta rareza, de una belleza etérea, es un indicio de acontecimientos fortuitos. Los orígenes de esta creencia se remontan a antiguos textos y culturas que incorporaron la astrología a sus modos de vida y a mitologías de relatos folclóricos y civilizaciones de antaño, y la gente empezó a reconocer lo poderosas que podían ser las figuras del cielo para nuestras vidas. Creyendo en el poder cósmico que encierra la energía única de cada planeta, los observadores de las estrellas se han sentido atraídos por el magnífico signo que representan los cinco planetas visibles cuando aparecen en un despliegue unificado. Acertadamente apodada la gran conjunción, un momento especial como este da esperanza, signos de bendición y fe en que se avecinan tiempos más brillantes.

4. Ver el Sol y la Luna juntos

Ver el Sol y la Luna juntos en el cielo se considera desde hace mucho tiempo un símbolo de buena fortuna y riqueza en muchas culturas y sociedades. Desde la antigüedad, se creía que este suceso tenía un origen divino, y algunos lo consideraban un presagio enviado por los propios dioses. Algunas culturas lo consideraban una señal de que serían bendecidos con abundantes riquezas, mientras que otras lo veían como una advertencia contra el orgullo o la exageración. En la astrología china, ver un cuerpo celeste como el Sol o la Luna a determinadas horas del día se asociaba con el cambio y la comodidad en la vida relacionados con la salud, el amor, la carrera y otras preocupaciones materiales. En algunas culturas tribales, esta alineación se veía como una oportunidad de renovación y esperanza tras un periodo de infortunio. Para muchas personas de todo el mundo, la visión de los dos combinados puede ser bastante sobrecogedora y espiritual. Es una decisión personal si se trata de algo interpretado a través de textos sagrados o tomado de forma más simbólica.

5. Eclipse lunar

Ver un eclipse lunar tiene diversos significados. Para los hindúes, un acontecimiento así tiene un significado inmenso y se cree que es altamente desfavorable. Se considera un presagio de mala suerte y de pobreza, muerte o destrucción. Este punto de vista se remonta a los antiguos textos hindúes conocidos como los shastras, que atribuían estas ideas a los eclipses lunares. Del mismo modo, en la cultura judía representa el mismo significado espiritual y portentoso, ya que un eclipse simboliza una señal de Dios. La idea de la profecía cósmica a través de los eclipses también se encuentra en algunas tribus de nativos americanos, que tienden a verlo como un medio de pronóstico. En general, los eclipses lunares están impregnados de tradiciones religiosas y supersticiones que muchas culturas de todo el mundo utilizan para explicar este extraño fenómeno.

Augurios de aves

Los mirlos simbolizan el equilibrio entre la naturaleza y el hombre '

1. Pájaros que se hacen caca en la cabeza

Aunque un pájaro que se hace caca en la cabeza no parezca la forma más ideal de recibir buena suerte, sí que se considera un signo auspicioso en muchas culturas. Desde el cristianismo hasta el hinduismo, la noción de que una paloma que deja sus excrementos en la cabeza de alguien simboliza el éxito financiero y material ha estado muy extendida durante siglos. También significa fertilidad. Se dice que el origen de este "presagio de buena suerte" comenzó cuando Noé soltó una paloma tras 40 días de lluvia, y el ave regresó con una inesperada y bendita sorpresa. La gente supuso entonces que, si tenían la suerte de ser "bendecidos" por una paloma de esa manera, su fortuna seguramente seguiría el mismo camino. Aunque ciertamente no hace que sea menos asqueroso cuando usted está experimentando realmente este evento único, tal vez pensar en la tradición de buena suerte de muchos años pueda ayudarle.

2. Un mirlo hace un nido en su casa

En muchas culturas, la superstición de que un mirlo haga su nido en casa se considera un signo de buena suerte. Se cree que este acontecimiento simboliza la protección de la casa, la alegría, la fertilidad y la prosperidad de sus habitantes. En la tradición celta, la llegada de un mirlo a la casa se consideraba una señal de los espíritus guías o de las deidades de que la paz y la armonía llegarían al hogar. También se creía que traía suerte en los negocios. Del mismo modo, los nativos americanos veían el nido de un mirlo como un símbolo de equilibrio entre la naturaleza y el ser humano y creían que era una oportunidad para forjar una relación más estrecha con la Madre Naturaleza. En la cultura nórdica, el anidamiento de esta especie de ave se consideraba sagrado y simbolizaba una guía en el camino de la vida si era observado por los humanos. Estos son solo algunos ejemplos que apuntan al gran significado cultural que ha tenido este augurio a lo largo de la historia.

3. Ver cinco cuervos juntos

Las creencias y supersticiones sobre los cuervos existen desde hace siglos, probablemente porque son aves increíblemente inteligentes. Un presagio popular ha sido que, si ve cinco cuervos, enfermará, y si ve seis, *morirá*. Esto puede considerarse un mal augurio, pero también puede interpretarse como una advertencia para que la gente preste atención a su entorno y a los signos de la naturaleza que le rodean. El comportamiento de las aves puede proporcionar advertencias o pistas sobre el peligro tácito que acecha en el aire, ya sea una enfermedad inminente o alguna otra energía tumultuosa procedente de otro lugar de la zona, de modo que la gente toma medidas para protegerse a sí misma y a sus seres queridos. Aunque esta superstición en particular parece morbosa, sirve a un propósito importante en muchas culturas y ¡no significa necesariamente que uno deba vivir la vida temiendo a los cuervos!

4. Ver un búho durante el día

Ver un búho durante el día se considera un signo de mala suerte o mal augurio, con un significado variado y, a veces, contradictorio según la cultura. En el folclore de la antigua Roma, un búho significaba la muerte y gritaba cuando le caía un rayo, mientras que los antiguos griegos lo asociaban con la fertilidad y la sabiduría. Algunas culturas nativas americanas veían en los búhos símbolos asociados a la guerra, mientras que en África se pensaba que los búhos significaban brujería. Esta criatura nocturna suele verse como símbolo de oscuridad y desgracia en muchas culturas, a pesar de sus connotaciones más positivas en algunas mitologías. El origen de tales creencias ha sido fuente de fascinación para los historiadores. Algunos creen que tales supersticiones están vinculadas a las primeras tendencias humanas hacia el animismo, mientras que otros lo atribuyen al vuelo silencioso y a los hábitos nocturnos de este depredador solitario.

5. Quítese el sombrero si ve una urraca

¿Ha oído alguna vez la frase "quítese el sombrero ante una urraca"? La superstición dice así: supuestamente, si alguien ve una urraca solitaria, debe reconocerla inclinando el sombrero o haciendo una reverencia para evitar que le traiga mala suerte. Esta tradición ha sido popular en muchas culturas, como la india, la irlandesa y la británica. Se cree que su origen proviene del folclore, que cuenta cómo las urracas simbolizan misteriosas profecías y sabiduría. Es difícil saber con certeza de dónde procede esta superstición, pero sirve como un interesante recordatorio de cómo las creencias culturales del pasado se filtran en nuestra vida cotidiana.

Capítulo 4: El simbolismo de los colores

¿Sabía que en algunas culturas se cree que vestir de un color determinado un día concreto de la semana trae buena suerte? Por ejemplo, en Tailandia se cree que vestir de amarillo un lunes trae buena suerte, mientras que en México el rojo se considera afortunado un jueves. Por su parte, el verde se considera de mala suerte en algunas partes de la India porque se asocia con la infidelidad. En China, se cree que el rojo trae buena suerte y se utiliza a menudo en celebraciones como bodas y el Año Nuevo lunar. Las supersticiones en torno a los colores están por todas partes, desde las más comunes hasta las más extrañas.

Los colores pueden simbolizar cosas distintas en culturas diferentes [5]

Pero las supersticiones sobre los colores no se limitan a la ropa o los objetos personales. En algunas culturas, incluso los colores de la comida tienen un significado importante. Por ejemplo, en Japón se cree que comer alubias negras el día del festival Setsubun aleja a los malos espíritus, mientras que en muchos países occidentales se cree que comer guisantes de ojo negro el día de Año Nuevo trae buena suerte y prosperidad para el año venidero. Crea o no en el poder de las supersticiones cromáticas, es difícil negar su influencia en nuestra cultura y tradiciones.

En este capítulo exploraremos el fascinante y a menudo sorprendente mundo de las supersticiones cromáticas, desde las más comunes hasta las más oscuras, y descubriremos cómo los colores han moldeado nuestras creencias y prácticas durante siglos. Así pues, hagamos un viaje a través del arco iris y descubramos el intrigante y a menudo divertido mundo de las supersticiones cromáticas.

Rojo

En muchas culturas orientales, el rojo se asocia con la suerte, la felicidad y la prosperidad. Por ejemplo, en China, el rojo se utiliza a menudo durante celebraciones importantes, como el Año Nuevo lunar y las bodas, para simbolizar la buena fortuna y la felicidad. Del mismo modo, en la India, el rojo se utiliza a menudo en la ropa tradicional y se asocia con el amor, la pasión y la pureza. En las culturas occidentales, sin embargo, el rojo suele tener connotaciones más negativas. Puede asociarse con el peligro, la pasión y la ira, y a veces simboliza la advertencia o la prohibición. Por ejemplo, el rojo se utiliza a menudo en las señales de stop y de tráfico para indicar peligro o la necesidad de detenerse.

El rojo también se asocia al amor y al Día de San Valentín, y muchas personas envían rosas rojas o regalan objetos rojos en forma de corazón a sus parejas. Curiosamente, el rojo también se ha asociado a movimientos políticos y revolucionarios a lo largo de la historia. En el siglo XX, el color rojo fue adoptado por movimientos socialistas y comunistas, como la Unión Soviética y el Partido Comunista de China, para representar la lucha de la clase obrera y los ideales del comunismo.

Supersticiones:
- En la cultura china, se cree que el rojo trae buena suerte y aleja a los malos espíritus, especialmente durante el Año Nuevo lunar. Es habitual que la gente vista ropa roja, cuelgue adornos rojos y regale sobres rojos llenos de dinero durante la festividad.

También se cree que el rojo trae éxito y felicidad en otros ámbitos de la vida, como los negocios o las relaciones.

- En algunas culturas africanas, al rojo se le atribuyen propiedades curativas y se asocia con la sangre y la vitalidad. Por ejemplo, llevar ropa roja puede ayudar a mejorar la circulación sanguínea y promover la buena salud. También se cree que el rojo protege contra los malos espíritus y la energía negativa.

- En muchas culturas occidentales, ver un pájaro rojo, como un cardenal, se considera de buena suerte o incluso una señal de un ser querido que ha fallecido. Algunas personas creen que sus deseos se harán realidad si piden un deseo cuando ven un pájaro rojo. Esta creencia puede tener su origen en la idea de que el rojo es un color poderoso y auspicioso.

- En algunas partes de Europa, el rojo se asocia con la brujería y el diablo. Se creía que las brujas vestían de rojo para indicar su lealtad al diablo, y en sus hechizos se utilizaban velas rojas. Algunas culturas también creen que el rojo es un color de advertencia y peligro.

- Por otro lado, en algunas culturas, ver un objeto o animal rojo se considera una advertencia de peligro o desastre inminente. Por ejemplo, en Rusia, ver un cielo rojo por la noche se considera una señal de mal tiempo, mientras que, en algunas partes de África, una luna roja se considera un mal presagio.

- El rojo también suele asociarse con el amor y la pasión, y llevar ropa roja o utilizarlo en la decoración del hogar puede mejorar las relaciones románticas y atraer el amor. Algunas personas creen que regalar rosas rojas u otras flores rojas a un ser querido es un poderoso símbolo de amor y afecto.

- En la India, la gente cree que llevar un bindi rojo (un punto decorativo) en la frente puede proteger a la mujer y traer buena suerte. Lo suelen llevar las mujeres casadas y se cree que representa el tercer ojo y el poder de la intuición.

Verde

El verde se ha asociado con el crecimiento, la renovación y el mundo natural en muchas culturas a lo largo de la historia. Esta asociación es probable porque el verde es el color de las plantas y las hojas, que son esenciales para la vida en la Tierra. En muchas culturas, el verde se considera un símbolo de nuevos comienzos, regeneración y esperanza. Por ejemplo, en la antigua cultura egipcia, el dios Osiris era representado a menudo con la piel verde para simbolizar su conexión con el renacimiento y el ciclo de la vida. En la cultura islámica, el verde se asocia con el paraíso y se utiliza a menudo en arquitectura y diseño para representar la nueva vida y el crecimiento.

El verde también está estrechamente asociado al concepto de fertilidad en términos de agricultura y reproducción humana. En algunas culturas, el verde se considera un color de la suerte para las bodas y se cree que trae buena fortuna a las parejas que intentan concebir. Además, el verde se asocia a menudo con el equilibrio y la armonía, quizá porque se encuentra en el centro del espectro de colores visibles. En la medicina tradicional china, por ejemplo, el verde se asocia con el hígado y se cree que favorece el equilibrio y la buena salud.

Supersticiones:

- En algunas partes de Europa, vestir de verde en el escenario trae mala suerte a los artistas. Esta creencia puede provenir de la idea de que el verde se asocia con las hadas y otras criaturas sobrenaturales, que se creía que interferirían en la actividad humana.

- En el folclore irlandés, el verde se asocia con la buena suerte y se cree que trae riqueza y prosperidad. El trébol verde es el símbolo nacional de Irlanda y se asocia al Día de San Patricio, que se celebra el 17 de marzo.

- En algunas culturas asiáticas, el verde también se asocia con la fertilidad y se cree que trae buena suerte a las parejas que intentan concebir. Por ejemplo, en la medicina tradicional china, el verde se asocia con el hígado, que se considera el órgano que gobierna la reproducción. El jade verde se utiliza a menudo en joyería y otros objetos decorativos para promover la fertilidad y la buena suerte.

- En algunas culturas africanas, el verde se asocia con la naturaleza y se le atribuyen propiedades protectoras. A menudo se utiliza en rituales y ceremonias para ahuyentar a los malos espíritus y promover la salud y el bienestar.

Azul

El azul es un color que suele asociarse con la tranquilidad, la sabiduría, la lealtad, la espiritualidad y la masculinidad. En todas las culturas, el azul se utiliza con frecuencia para evocar una sensación de calma y tranquilidad, como el cielo o el océano. También se asocia con el conocimiento, la inteligencia y la sabiduría, así como con la confianza y la lealtad en los negocios y la política. El azul también se utiliza en muchas religiones para representar cualidades espirituales, como la paz interior y la devoción. Además, en algunas culturas, el azul se asocia con la masculinidad y la fuerza, simbolizando cualidades como el poder y la resistencia. En general, el color azul tiene diversos significados simbólicos que han persistido a través de culturas y épocas.

Supersticiones:

- En muchas culturas, se cree que los zafiros azules traen buena suerte y protegen contra el mal. En la Europa medieval, se creía que los zafiros azules protegían contra el envenenamiento y los malos espíritus, mientras que en la cultura hindú se asocian con el planeta Saturno y se cree que aportan sabiduría, claridad y buena fortuna.

- **Ojos azules:** En algunas culturas, los ojos azules se consideran de la suerte o protectores. Por ejemplo, en Turquía y partes de Oriente Próximo, se cree que llevar un amuleto o "nazar" de un ojo azul puede proteger contra el "mal de ojo", una maldición que se dice que trae mala suerte o hace daño.

- **Llamas azules:** En algunas culturas, las llamas azules se consideran un mal presagio asociado a la muerte y la destrucción. En Japón, se dice que las llamas azules son los fantasmas de los muertos y suelen verse en lugares encantados. Del mismo modo, en la mitología hindú, se cree que las llamas azules son la manifestación de la diosa Kali, que representa la destrucción y la muerte.

- **Mariposas azules:** En algunas culturas nativas americanas, las mariposas azules se consideran un signo de buena suerte o un mensajero del mundo de los espíritus. En la cultura cherokee, se cree que las mariposas azules traen mensajes de esperanza y guía de los antepasados o los espíritus. Del mismo modo, en la cultura china, las mariposas azules simbolizan el amor y la alegría, y a menudo se asocian con la famosa historia de amor de los amantes mariposa.

Blanco

En muchas culturas, el blanco simboliza la pureza, la inocencia y la espiritualidad. En muchas culturas occidentales, el blanco se asocia a las bodas y representa la pureza y los nuevos comienzos. En cambio, en muchas culturas orientales, el blanco se relaciona a menudo con la muerte y el luto, ya que representa el final de la vida y la transición al más allá. El blanco también se relaciona con la limpieza y la esterilidad, y se utiliza a menudo en entornos médicos y científicos. En algunas culturas, se cree que el blanco tiene propiedades curativas y se asocia con la purificación espiritual y la iluminación. Por ejemplo, en el hinduismo, el color blanco se asocia con el dios Visnú y se utiliza en ceremonias y rituales religiosos. Del mismo modo, en el budismo, el blanco simboliza la pureza de las enseñanzas de Buda y se asocia con la paz interior y la iluminación espiritual. En general, el color blanco tiene una amplia gama de significados simbólicos en diferentes culturas.

Supersticiones:

- **Flores blancas:** En muchas culturas orientales, regalar flores blancas, sobre todo crisantemos blancos, se considera un signo de mala suerte y se asocia con la muerte y el luto. Del mismo modo, algunas culturas occidentales suelen asociar los lirios blancos con los funerales y no se regalan.

- **Ropa blanca:** En muchas culturas, se cree que vestir de blanco trae buena suerte y aleja a los malos espíritus. En algunas partes del mundo, la ropa blanca se lleva durante ceremonias religiosas o rituales para representar la pureza y la iluminación espiritual. Sin embargo, en algunas culturas, vestir de blanco después del Día del Trabajo o antes del Día de los Caídos en Estados Unidos se considera mala suerte.

- **Animales blancos:** En muchas culturas, los animales blancos se consideran sagrados o especiales de alguna manera. Por ejemplo, en el hinduismo, las vacas blancas se consideran sagradas y a menudo se les rinde culto. Del mismo modo, en las culturas nativas americanas, los búfalos blancos simbolizan la paz y la armonía, y su nacimiento se considera un signo de buena fortuna.

- **Caballos blancos:** En algunas culturas, los caballos blancos se consideran un signo de buena suerte y se asocian con la pureza y la espiritualidad. En la mitología griega, el dios Apolo suele aparecer montado en un caballo blanco, y en la mitología hindú, el dios Visnú también suele aparecer montado en un caballo blanco.
- **Búhos blancos:** En muchas culturas, los búhos blancos se asocian con la muerte y se cree que presagian mala suerte. En algunas culturas nativas americanas, los búhos blancos se consideran mensajeros de la muerte, y se cree que su ulular señala la proximidad del fallecimiento de un ser querido.

Negro

El negro es un color que se ha asociado con una serie de significados y simbolismos a lo largo de la historia y a través de las culturas. En muchas culturas, el negro se asocia con la muerte y el luto, y suele llevarse en funerales y otras ocasiones solemnes. En algunas partes del mundo, el negro también se relaciona con el mal, la oscuridad y lo desconocido. Sin embargo, en algunas culturas, el negro se relaciona con el poder, la fuerza y la elegancia. En el mundo de la moda, el negro suele considerarse un color clásico y sofisticado y se suele llevar en ambientes formales o profesionales. En algunas culturas, el negro también se asocia con la sabiduría, el conocimiento y la experiencia, como se ve en las tradicionales togas negras que llevan los eruditos y los jueces. En general, el simbolismo del negro es complejo y polifacético, y su significado puede variar mucho según el contexto y la cultura en que se utilice. Aunque a menudo se asocia con un simbolismo negativo u ominoso, también puede asociarse con un simbolismo positivo y poderoso.

Supersticiones:
- **Gatos negros:** En muchas culturas, los gatos negros se asocian con la mala suerte, la brujería e incluso la muerte. Se cree que, si un gato negro se cruza en su camino, le traerá mala suerte. En algunas culturas, sin embargo, los gatos negros se consideran de buena suerte, sobre todo en zonas de Inglaterra y Escocia.
- **Ropa negra:** En algunas culturas, llevar ropa negra se asocia con la muerte y el luto, y se suele llevar en funerales u otras ocasiones sombrías. En otras culturas, la ropa negra se asocia con el poder y la elegancia, y suelen llevarla las personas ricas o influyentes.

- **Magia negra:** El término "magia negra" se utiliza a menudo para describir prácticas oscuras o malignas y suele asociarse con la brujería, la hechicería y otras prácticas sobrenaturales. En algunas culturas, se cree que la magia negra puede provocar enfermedades, desgracias o incluso la muerte.

- **Velas negras:** En algunas culturas, las velas negras se asocian con la energía negativa o dañina y se utilizan a menudo en rituales o hechizos destinados a causar daño a los demás. En otras culturas, las velas negras se asocian con la protección y el destierro de la energía negativa.

Púrpura

El púrpura se asocia a menudo con el lujo, la realeza y el poder. Esta asociación se debe probablemente a la escasez y el coste de los tintes utilizados para producir púrpura en la antigüedad. Por ejemplo, en la antigua Roma, la púrpura se reservaba para la vestimenta del emperador y los funcionarios de más alto rango. Además de su asociación con el poder y el estatus, la púrpura también se asocia a veces con la espiritualidad y el misticismo. Esto se debe en parte a que es un color poco común en la naturaleza y puede verse como de otro mundo o etéreo. En algunas culturas, el morado también se asocia con la creatividad y la expresión artística.

Superjsticiones:

- **Llevar ropa morada:** En algunas culturas, se cree que llevar ropa morada puede traer buena suerte o potenciar las habilidades psíquicas. Sin embargo, en otras culturas, la ropa morada se asocia con el luto y se considera inapropiada para ocasiones festivas.

- **Flores moradas:** En algunas tradiciones, las flores moradas se asocian con la espiritualidad y suelen utilizarse en contextos religiosos o ceremoniales. Sin embargo, en otras culturas, se cree que las flores moradas traen mala suerte o representan la muerte y se evitan.

- **Amatista púrpura:** En algunas tradiciones espirituales y de la nueva era, los cristales de amatista púrpura tienen propiedades curativas y pueden ayudar a mejorar la intuición y la conciencia espiritual.

- **El color púrpura en los sueños:** En algunas tradiciones de interpretación de los sueños, el color púrpura se asocia con la sabiduría, la iluminación y el crecimiento espiritual. Ver púrpura en un sueño puede interpretarse como una señal de que el soñador está en el camino correcto y progresando hacia sus objetivos.

Amarillo

El amarillo es un color brillante y dinámico que tiene una amplia gama de significados simbólicos en diferentes culturas. Una de las asociaciones más comunes con el amarillo es la del sol y el calor. Al igual que el sol se asocia a menudo con la vida, la energía y el crecimiento, el amarillo simboliza la felicidad, la alegría y el positivismo. En muchas culturas, el amarillo representa el amanecer de un nuevo día o el comienzo de un nuevo ciclo vital.

Además de su asociación con la luz del sol, el amarillo también se relaciona a menudo con la creatividad y la inteligencia. Muchas culturas creen que el amarillo puede estimular la mente y mejorar la claridad mental y la concentración. Por eso puede que vea el amarillo en entornos educativos o en la publicidad de productos destinados a potenciar la función cognitiva.

Supersticiones:

- **Enfermedad y peligro:** En muchas partes de Asia y África, el amarillo se asocia con la enfermedad, el peligro y la muerte. Algunas culturas creen que llevar ropa amarilla o utilizar objetos amarillos puede atraer la desgracia o la mala suerte.

- **Infidelidad:** En Rusia y otros países de Europa del este, regalar flores amarillas está mal visto porque se cree que representan la infidelidad. Según esta superstición, las flores amarillas se consideran un signo de traición, infidelidad o deslealtad.

- **Buena suerte:** A pesar de sus connotaciones negativas en algunas regiones, el amarillo también se considera un color de la suerte en otras culturas. En China, por ejemplo, el amarillo se asocia a la buena suerte y se utiliza a menudo en la decoración de Año Nuevo.

- **Riqueza y prosperidad:** En algunas partes del mundo, como México y algunos países africanos, el amarillo se asocia con la riqueza y la prosperidad. Se cree que llevar ropa amarilla o tener objetos amarillos en casa trae buena suerte y éxito económico.

- **Iluminación espiritual:** En algunas tradiciones espirituales, como el budismo, el amarillo se considera un símbolo de sabiduría, iluminación y perspicacia. Se cree que este color representa la luz del sol y el poder del intelecto, por lo que es un símbolo importante tanto para los buscadores espirituales como para los maestros.

Desde la ardiente pasión del rojo a la viva excitación del amarillo, pasando por la relajante calma del azul y la pureza del blanco, los colores han tenido un inmenso significado en culturas y sociedades de todo el mundo durante siglos. Las supersticiones asociadas a los colores se encuentran en todos los rincones del mundo, y estas creencias suelen tener profundas raíces en la historia y la tradición. Aunque algunos tachen las supersticiones sobre los colores de irracionales o infundadas, siguen desempeñando un papel importante en la conformación de las prácticas y creencias culturales. Ya se trate de evitar el color amarillo en Rusia o de utilizar el rojo como señal de advertencia en Europa, los colores tienen el poder de evocar emociones fuertes e influir en nuestros pensamientos y acciones.

Aunque es sensato acercarse a las supersticiones con ojo crítico, explorar el simbolismo y las creencias asociadas a los distintos colores también puede ser una forma fascinante de aprender sobre las diferentes culturas y sus historias. Comprender los significados y las supersticiones que rodean a los distintos colores puede ser una experiencia divertida y esclarecedora.

Capítulo 5: Presagios sobre animales y plantas

Desde el principio de los tiempos, los presagios sobre animales, insectos y plantas han fascinado y ocupado un lugar especial en la imaginación humana. Personas de todos los orígenes y sistemas de creencias se sienten intrigadas por la idea de que sucesos aparentemente mundanos puedan interpretarse como portadores de poderosos mensajes sobre el futuro. En muchas culturas, basta con mirar a un animal que se cruza en su camino para saber si traerá buena o mala suerte. Por ejemplo, en algunos lugares, la gente cree que ver una lagartija cruzarse en su camino es un mal presagio para su próximo viaje, mientras que ver un grillo podría indicar buena fortuna en su camino. Del mismo modo, muchas sociedades ven advertencias desalentadoras en ciertas plantas. Un ejemplo muy citado es descubrir un tejo en flor cerca de casa, lo que presagia la muerte de un familiar. La mezcla de superstición y admiración por los presagios sobre animales y plantas ha formado parte de todas las culturas a lo largo de la historia y sigue cautivando nuestras mentes hoy en día.

Presagios sobre animales

1. Gatos
Los gatos se han relacionado con todo tipo de presagios. Los gatos pueden traer buena o mala suerte, o ambas cosas, según la cultura o las circunstancias. Un ejemplo es la superstición del gato negro en el folclore europeo, según la cual, si un gato negro se cruza en su camino, indica un

desastre inminente. Esta creencia tiene su origen en los antiguos egipcios, que tenían felinos en sus hogares como símbolos de protección contra las fuerzas malignas, ¡lo contrario de lo que creemos hoy sobre ellos! Sin embargo, algunas culturas ven a los gatos de forma positiva, como la creencia japonesa de que un gato blanco trae longevidad y buena fortuna. Sea positivo o negativo un determinado presagio, una cosa es segura: ¡los gatos hacen la vida más interesante!

2. Ciervo

A menudo considerados como un símbolo de poder y conocimiento divino o espiritual, los ciervos son símbolos poderosos en muchas culturas de todo el mundo. Por ejemplo, la antigua mitología griega cuenta la historia de la diosa Artemisa y sus relaciones con los ciervos. Artemisa está asociada a la caza, los misterios y los animales salvajes, y se la considera la protectora de las mujeres en el parto y una encarnación terrenal de la voluntad propia. Curiosamente, ver un ciervo se considera una señal del cielo de que uno debe afrontar sus problemas actuales con gracia y dignidad. Esta creencia se extiende por diferentes culturas; sin embargo, tiene sus raíces en la tradición celta, que habla de una conexión entre el mundo de los espíritus, los humanos y la naturaleza, especialmente en lo que respecta a los animales sagrados. Los ciervos, criaturas mansas por naturaleza, pero obviamente lo bastante fuertes como para llevar cuernos para protegerse, se convirtieron en un ejemplo de resistencia a pesar de las dificultades. Sin embargo, algunas señales podrían apuntar hacia la desgracia, como si alguien escucha el rugido o bramido de un ciervo, ya que se cree que esto representa la tragedia. A lo largo de diferentes folclores, se puede ver cómo ante el peligro o el miedo, a menudo recurren a la quietud o a la huida en lugar de a la confrontación directa, dos cosas que todos podríamos aprender a hacer.

3. Perro

Los presagios y supersticiones relacionados con los perros están muy extendidos en numerosas culturas y lo han estado durante siglos. Estos presagios y supersticiones suelen estar relacionados con el papel de estos queridos animales en la sociedad. Por ejemplo, en algunas culturas nativas americanas se colgaban atrapasueños cerca de las zonas donde podía dormir o descansar un perro, ya que se creía que los perros tenían la capacidad de influir en los sueños. Del mismo modo, la astrología china considera a los perros un símbolo de lealtad y protección, y muchas familias adoptan un perro como forma de guardián espiritual. En el folclore japonés, se cree que ver a un perro negro antes de iniciar una tarea importante trae buena suerte y éxito. En la otra cara de la moneda, también hay presagios negativos asociados a los perros, como cuando algunos creían que oír ladrar a un perro en Nochevieja podía ser señal de la muerte de alguien de la casa durante el año siguiente. En Europa, se considera un mal presagio que un perro se cruce entre dos personas, ya que se cree que la pareja se peleará o, si están prometidos, su matrimonio no se celebrará. Algunas culturas de todo el mundo creen que los perros pueden detectar la presencia de fantasmas o fuerzas sobrenaturales. Esto puede remontarse a miles de años atrás, y un ejemplo es la creencia griega en Hécate, la diosa del terror y la oscuridad. Incluso hoy en día, muchas personas siguen adhiriéndose a este tipo de supersticiones.

4. Zorro

En las culturas asiáticas y nativas americanas, los zorros se consideran símbolos de sabiduría y astucia, mientras que los europeos a veces los consideran más astutos y traviesos. Una superstición famosa sobre el zorro es que el avistamiento de un zorro rojo durante el día se considera un presagio de mala suerte. Significa malas noticias o un suceso inesperado que podría acarrear angustia o desgracia. Esta creencia se remonta a siglos atrás; algunas fuentes afirman que tiene su origen en el folclore celta, mientras que otras la vinculan a la mitología china y a supersticiones en torno al legendario espíritu del "zorro de nueve colas". Además, algunas personas creen que avistar un zorro blanco por la noche es un presagio de buena suerte o prosperidad, por lo que estos augurios pueden ser buenos y malos, dependiendo de las circunstancias.

5. Conejo

Los conejos se han asociado con la buena suerte, los presagios y las supersticiones durante siglos. En culturas de todo el mundo, ver un conejo siempre se ha considerado auspicioso. Esto se debe en parte a la increíble tasa de reproducción del animal. Los conejos se reproducen fácil y rápidamente, lo que los convierte en símbolo de fertilidad y abundancia. Cuando se cruza uno en su camino, puede indicar que la felicidad y la fortuna se acercan a usted. En muchas culturas, como la coreana, la vietnamita y los sistemas de creencias de los nativos americanos, también se considera que los conejos tienen poderes curativos o se les compara con abuelas sabias que aportan energía positiva al hogar con su presencia. Ya sea que los vea como mensajeros de alegría o sanadores espirituales, los conejos llevan una cantidad inimaginable de poder.

6. Serpiente

A lo largo de los siglos, las serpientes han sido ampliamente referenciadas en muchas culturas y religiones. En diversos contextos, como el cristianismo o el antiguo Egipto, las serpientes se han visto como un símbolo positivo o negativo de poder, sabiduría y energía. También se cree que la serpiente es un emblema de transformación. En cuanto a las supersticiones, algunas sociedades consideran que ver una serpiente es un presagio de suerte que puede significar buena fortuna o éxito. Por otro lado, otras culturas creen que encontrar una serpiente traerá muerte y destrucción, por lo que es natural sentir aprensión ante una. En última instancia, las serpientes se consideran símbolos poderosos porque nos recuerdan lo poderosos e instintivos que somos los seres humanos y que, al igual que los misterios de la naturaleza, todos poseemos un inmenso poder interior que podemos dirigir hacia algo creativo si lo gestionamos adecuadamente.

Presagios sobre los insectos

1. Hormigas

La creencia de que las hormigas son un signo de buena suerte es una superstición común en todo el mundo. En muchas culturas, tener un nido de hormigas cerca de casa se considera un presagio de buena fortuna y éxito. Existe la creencia de que, si una hormiga le sigue y entra en su casa, significa que pronto ocurrirá algo positivo. También se dice que, si uno se cruza con tres hormigas que viajan juntas en la misma dirección, esto indica que le seguirá la suerte y la riqueza.

La otra cara de esta creencia es que ser mordido por una hormiga puede tener consecuencias negativas. Es señal de que pronto surgirán discusiones o peleas. Esta superstición es muy fuerte en algunas partes de Asia, donde la picadura de una hormiga implica la creencia de que la discordia o los desacuerdos llegarán a la vida de una persona.

Las hormigas son veneradas por su laboriosidad y perseverancia, características muy apreciadas por muchas culturas de todo el mundo, por lo que se han convertido en símbolos de fuerza, ingenio y resistencia. Estas cualidades también significan que cuando una persona ve hormigas moviéndose por su casa, puede simbolizar el progreso en cualquier proyecto u objetivo en el que esté trabajando en ese momento. Además, debido a su gran número, las hormigas se han convertido en símbolos de fertilidad y abundancia a lo largo de la historia. Por lo tanto, su presencia cerca de su humilde morada podría indicar cosas buenas por venir de todos los rincones de su vida, ya sea prosperidad financiera o que se añadan más niños a la familia.

2. Mariposa

Uno de los presagios y supersticiones más conocidos en relación con las mariposas es que a menudo se las considera mensajeras del más allá, más concretamente de seres queridos perdidos. Se cree que cuando una mariposa se posa sobre alguien, puede ser una señal de que los familiares u otros seres queridos de esa persona pronto le harán una visita. En la mitología griega, por ejemplo, la mariposa estaba muy asociada a la diosa Psique, conocida por representar el alma o la esencia de la vida. Según la leyenda, si una mariposa se posaba sobre alguien en la antigua Grecia, simbolizaba que su alma había sido bendecida por los dioses y que su familia se reuniría pronto. Esta creencia también se extendió a Japón, donde, en tiempos de luto, se decía que cuando una mariposa se posaba en el hombro de alguien, era señal de que su antepasado le había visitado para expresarle sus condolencias u ofrecerle consuelo. Los nativos americanos también consideraban a las mariposas mensajeras espirituales del cielo y a menudo celebraban rituales para honrar la conexión de esta criatura con la naturaleza y con los que habían fallecido antes que nosotros. En algunas tribus, como los hopi, se regalaban mariposas a las niñas para que se las pusieran en el pelo en ceremonias especiales, ya que se decía que ayudaban a protegerlas contra la mala suerte o los daños. También creían que, si una mariposa blanca entraba en su vida, debía esperar un mensaje importante muy pronto.

3. Libélula

Las civilizaciones antiguas creían que las libélulas eran proféticas. Algunas culturas creían que ver una libélula era un presagio de buena suerte o una advertencia sobre un peligro inminente. En muchas tribus nativas americanas, la libélula simboliza la transformación y la iluminación por su asociación con la rapidez y la inspiración. Por esta razón, se la considera una fuente de esperanza que ayuda a superar obstáculos. Las libélulas se consideran mensajeras del mundo de los espíritus y a menudo significan cambio o transformación, ya sea física o espiritual. Ver varias libélulas puede significar que hay que mantener la mente abierta y la curiosidad; encontrar una muerta significa tradicionalmente que alguien cercano nos está engañando o se ha extraviado. Un famoso presagio asociado a las libélulas es que están directamente conectadas con los seres hermosos, también conocidos como hadas o sidhe (pronunciado shee). En esta creencia, las libélulas pueden verse como recordatorios de que los espíritus de la naturaleza nos vigilan y se esfuerzan continuamente por formar parte de nuestras vidas. Como mensajeras del más allá, la libélula simboliza la transformación espiritual y física. Por lo tanto, es portadora de un mensaje de crecimiento y transformación personal si se posa sobre usted o su propiedad. Se cree que las libélulas contribuyen al equilibrio entre los seres humanos y la naturaleza al recordarnos nuestras responsabilidades para mantener sano nuestro planeta. Estos mensajes nos animan a reconectar con la naturaleza y disfrutar de su belleza, al tiempo que somos conscientes de las acciones que pueden ser perjudiciales. Los milagros alados de colores brillantes y las libélulas suelen aparecer donde hay agua cerca, simbolizando la abundancia y la esperanza de cosas más grandes por venir.

4. Mariquita

Las mariquitas son insectos muy queridos en todo el mundo, y su presencia se ha asociado con la suerte y la buena fortuna durante siglos. En Asia, se creía que las mariquitas significaban un nacimiento inminente o un matrimonio inminente. Los chinos creían que, si una mariquita se posaba en la mano de una persona, le traería suerte en el amor. En Europa, muchas culturas también consideraban a las mariquitas portadoras de buena suerte. Se decía que, si aparecía una en su propiedad, podía significar una cosecha próspera o éxito en los negocios. En Reino Unido e Irlanda, se decía que ver siete mariquitas juntas traía siete años de felicidad. En algunas culturas, como las tribus indígenas de Norteamérica, los sueños con mariquitas se consideraban mensajes proféticos de sus antepasados. En muchas culturas de todo el mundo, las mariquitas también se consideraban presagios de protección contra el mal y los malos espíritus. Algunas personas incluso creían que tener una mariquita cerca de casa podía evitar la mala suerte por completo.

5. Arañas

Las arañas han sido objeto de superstición y presagios durante siglos. Por ejemplo, algunas culturas consideran que ver una araña es un presagio de que pronto recibirás la visita de un amigo que le traerá buenas noticias o conocimientos compartidos. Este es el simbolismo de la tela de araña, que nos recuerda que todos estamos conectados y compartimos la sabiduría de la naturaleza. Las arañas también se consideraban animales sagrados en la antigüedad, asociadas a la diosa Atenea, la diosa griega de la sabiduría. De hecho, mucha gente cree que las arañas son mensajeras de la buena suerte. Así que, si ve una araña en sus viajes, fíjese en ella y no tenga miedo. Puede estar trayendo noticias positivas para usted, especialmente en lo que se refiere a tener noticias de un viejo compañero muy pronto.

6. Avispas

Las avispas han sido consideradas signos de peligro y celos en muchas culturas a lo largo de la historia. En la antigua Grecia, los griegos veían a las avispas como un presagio de envidia, creyendo que, si alguien se encontraba con una avispa, significaba que alguien estaba celoso de él. Si una persona ve múltiples avispas volando alrededor de su casa, podría significar que está siendo observada por ojos celosos o rodeada de enemigos que desean hacerle daño.

En Japón, la superstición gira en torno a la creencia de que cuando una avispa entra en su casa, significa que viene la mala suerte y debe ser rápidamente eliminada del lugar. La creencia es tan fuerte que algunos japoneses incluso se esfuerzan por no matar a una avispa si la ven, con la esperanza de evitar repercusiones negativas.

En la cultura nativa americana, las avispas se consideran símbolos de sabiduría y protección. Se cree que, si una persona está siendo atacada o amenazada por otra persona o animal, puede invocar el poder del espíritu guía de la avispa para que intervenga y la proteja. Otras culturas creen que ver una avispa también puede ser un presagio de advertencia, que indica un posible peligro en el futuro.

Presagios sobre las plantas

Dedalera

Las plantas dedaleras pueden simbolizar tanto buenos como malos augurios[6]

En algunas culturas, la dedalera se considera un símbolo de buenos y malos augurios. En algunos lugares se cree que trae suerte y buena salud, mientras que en otros puede traer mala suerte o incluso la muerte. En la mitología nórdica, Odín utilizaba la dedalera para ahuyentar a sus enemigos. Llevaba una capa hecha de flores de dedalera mientras montaba su caballo de ocho patas, Sleipnir, por el cielo nocturno. Esto puede explicar por qué algunas personas consideran la dedalera un presagio de protección contra el peligro o el mal.

En Gran Bretaña existen varias supersticiones sobre la dedalera. Una superstición popular es que, si da tres vueltas alrededor de un anillo de dedaleras, se vuelve invisible durante un tiempo. Otra superstición es que llevar un trozo de dedalera inmuniza contra enfermedades o lesiones durante cierto tiempo. También se creía que llevar trozos de esta planta cuando se iba a la batalla protegía de cualquier daño y daba la victoria en el combate.

Los japoneses también tienen sus propias creencias sobre la dedalera. Según su folclore, pisar un ramo de esta planta atrae el amor y la felicidad futura. También se dice que, si se regala, el obsequiado tendrá suerte en el dinero y buena fortuna en general.

Hinojo

El uso del hinojo para alejar el mal y proteger se remonta a siglos atrás. En la antigua Roma y Grecia, se creía que la hierba tenía propiedades mágicas que podían proteger contra las fuerzas malignas. Se utilizaba en ceremonias religiosas y se llevaba alrededor del cuello para alejar el "mal de ojo". Del mismo modo, en la Europa medieval y en algunas partes de Asia se creía que el hinojo podía alejar a brujas, demonios, espíritus y otras fuerzas malévolas.

En la India, el hinojo también se asocia desde hace tiempo con poderes protectores. Es tradicional que los hindúes cuelguen guirnaldas de hinojo en las puertas para ahuyentar a las fuerzas malignas y atraer la buena suerte. También se cree que quemar o utilizar aceite esencial de hinojo puede ayudar a purificar un espacio o a una persona de la energía negativa. La gente suele quemar manojos de hinojo seco mientras recita oraciones o mantras para protegerse.

Las tradiciones de medicina popular de todo el mundo han utilizado durante mucho tiempo esta poderosa hierba con fines medicinales. En Escocia, en el siglo XVI, se daba a los niños un té hecho con semillas secas de hinojo antes de acostarse para alejar las pesadillas y los malos sueños. Del mismo modo, los nativos americanos consideraban sagrada la planta y se colocaban ramitas en la cabeza o en la ropa para protegerse del peligro mientras viajaban por tierras desconocidas.

Perejil

El perejil tiene una larga historia de supersticiones y presagios. Se cree que el perejil era originalmente un regalo del mismísimo diablo. Algunas culturas creen que el diablo exige siete viajes entre su reino y su jardín antes de permitir que crezca el perejil. Se decía que cualquier semilla que no brotara se la quedaba él. Esta creencia estaba tan extendida que en la Europa del siglo XVI la gente utilizaba su propia sangre como abono para el perejil, con el fin de que germinara más rápidamente.

Esta superstición hunde sus raíces en el folclore y la mitología de la Europa antigua. En la cultura grecorromana, el perejil representaba la muerte y los funerales debido a su asociación con la hija de la diosa griega Deméter, Perséfone, que fue raptada y llevada al inframundo por Hades. El perejil también está muy presente en muchos rituales cristianos, donde se utiliza como ofrenda o bendición durante bautizos y otras ceremonias sagradas. El perejil también se asocia a los hechizos de amor. Una ramita de perejil recién cortada y colocada bajo la almohada podría traer buena suerte para encontrar el amor verdadero o ayudar a ver el futuro de una relación.

Serbal

El serbal simboliza la protección en el folclore celta [7]

El serbal se asocia desde hace mucho tiempo con la superstición y los presagios. En el folclore celta, el serbal es un símbolo de amparo, ya que tiene poderes protectores que ahuyentan los malos espíritus y la mala suerte. El simbolismo de este árbol se remonta siglos atrás, en la antigua cultura europea, donde la gente creía que plantar serbales alrededor de sus casas les protegería de fuerzas malévolas. En la mitología nórdica, se decía que Odín había colgado en el cielo nueve ramas sagradas de serbal, que formaban una barrera protectora mágica contra las fuerzas oscuras. En el folclore gaélico escocés, los serbales se conocen como "fid na ndruad", que significa "el árbol de los druidas". Se decía que los druidas celebraban rituales a la sombra de estos árboles sagrados, y se utilizaban como medio para invocar protección y bendiciones sobre quienes las buscaban. Además, en Escocia e Irlanda, los serbales se plantaban cerca de las puertas para alejar la mala suerte o las intenciones maliciosas.

En culturas de Europa del Este como Polonia, Lituania, Bulgaria y Rumanía, se cree que plantar un serbal fuera de casa trae salud y felicidad al hogar. También se cree que llevar un amuleto hecho con un trozo de madera de serbal puede otorgar valor y fuerza en momentos de necesidad. En Inglaterra, en la época medieval, se creía que, si se cruzaban los dedos al tocar una rama de serbal, se obtenía la invisibilidad durante un breve periodo de tiempo, lo que permitía volverse invisible y estar a salvo de cualquier daño o peligro.

Capítulo 6: Números de la suerte y de la mala suerte

A lo largo de la historia, los seres humanos han asociado diferentes significados a distintos números. El concepto de números de la suerte y de la mala suerte ha fascinado a los humanos y ha dado origen a varias normas y prácticas culturales. Exploremos estos conceptos en detalle y determinemos cómo influyen los números en nuestras creencias.

Números y superstición

Los números están asociados a la superstición desde hace mucho tiempo, y la gente cree que determinados números tienen efectos particulares o poderes especiales. Algunos asocian la visión o el uso de estos números con la buena suerte y la fortuna, mientras que otros los relacionan con malos augurios. Conozcamos en detalle la superstición y los números:

Números de la suerte y de la mala suerte

Cada cultura tiene unos números determinados que se consideran de la suerte o de la mala suerte. Por ejemplo, en la cultura occidental, el número siete se considera de la suerte debido a su uso en la Biblia y a su presencia en asociaciones culturales como las siete maravillas del mundo. El siete también representa los colores del arco iris. Por el contrario, el 13 se considera de mala suerte por su asociación con la última cena. Este truculento acontecimiento bíblico registra a Judas Iscariote como el decimotercer invitado, lo que hace que el número se considere de mala suerte, especialmente desde una perspectiva religiosa.

Asimismo, en las culturas asiáticas, el número ocho se considera de la suerte porque los sonidos que produce son similares a la palabra prosperidad. Por el contrario, el número cuatro se considera de mala suerte porque suena parecido a la muerte. Estas creencias pueden influir a menudo en todo, desde las decisiones empresariales hasta las relaciones personales.

Numerología

La numerología es el estudio de los números que permite explorar las propiedades místicas que hay detrás de los números. Las personas que creen firmemente en la numerología defienden que determinados números pueden revelar información valiosa sobre la personalidad y el destino de una persona. Por ejemplo, el número uno está relacionado con el liderazgo, la capacidad de delegar, la originalidad y la independencia, mientras que el número nueve está vinculado al humanitarismo, el crecimiento espiritual, el desinterés y el cuidado de los demás. Los numerólogos utilizan distintos métodos para calcular el número de la trayectoria vital de una persona. Según sus creencias, este número de trayectoria contiene toda la información relativa a los rasgos y el propósito vital de la persona.

Astrología y numerología

Mientras que la numerología dice que los números pueden revelar mucho sobre el destino y el propósito vital de una persona, los estudios astrológicos defienden que la posición de los planetas es una influencia clave en el destino y los objetivos vitales de una persona. Por ejemplo, la posición de los planetas en astrología determina la personalidad y el destino del niño. Del mismo modo, los números asociados a la fecha de nacimiento de una persona pueden revelar sus objetivos vitales y su personalidad genuina. He aquí un ejemplo de la numerología occidental. Se asocian números específicos a las letras del nombre de una persona y se suman para dar un número de destino. Se cree que este número del destino proporciona información valiosa sobre los rasgos de la personalidad y revela sus puntos fuertes, sus debilidades y su propósito.

Coincidencias numéricas

Las personas que creen firmemente en los efectos de los números ven varias coincidencias numéricas como un signo de buena o mala suerte. Por ejemplo, ver el mismo número a lo largo del día o de un período puede indicar un buen o mal augurio. Por ejemplo, ver el número siete en el reloj o en las matrículas más de lo habitual puede significar que se avecinan cosas buenas. Algunos incluso creen firmemente que el número de letras del nombre de una persona o los valores numéricos vinculados a cada letra influyen sustancialmente en sus rasgos, personalidad y objetivos vitales.

En pocas palabras, el vínculo entre superstición y números es complejo y está profundamente arraigado en muchas culturas. Aunque estas creencias pueden no estar basadas en pruebas científicas, siguen siendo esenciales en la vida y las creencias de muchas personas.

Números de la suerte

Se cree que los números de la suerte traen buena suerte o fortuna a quienes los utilizan. Estos números se basan en tradiciones culturales, acontecimientos históricos asociados al número o experiencias personales. Muchas culturas tienen sus propios números de la suerte. Mientras que algunas culturas pueden considerar afortunados algunos números, otras tradiciones pueden considerar que el mismo número atrae energías negativas o indica un mal presagio. A continuación, se muestran algunos números de la suerte comúnmente utilizados en diferentes culturas, creencias y tradiciones.

Número siete

Este número se considera de la suerte en muchas culturas. El siete se asocia a menudo con la buena fortuna, la plenitud y la espiritualidad. Este número es muy utilizado en muchas religiones, como el cristianismo, el islam y el judaísmo. La asociación del siete en las tradiciones religiosas simboliza la perfección y la plenitud.

Número ocho

En la tradición y la cultura chinas, el ocho se considera el número de la suerte. El sonido que produce el número ocho cuando se habla en chino es similar al de la palabra prosperidad. Ocho suena como "Pa", mientras que prosperidad suena como "Fa". Este número se asocia ampliamente con la riqueza, el éxito y la buena fortuna, y se cree que desempeña un papel fundamental en las transacciones comerciales.

Número nueve

El nueve se considera un número de la suerte en la cultura japonesa. El número nueve en japonés tiene una pronunciación similar a la palabra "longevidad". Esta asociación de palabras y números de sonido similar confiere al número nueve un lugar especial en la sociedad japonesa. Este número está relacionado con la felicidad, la longevidad, la buena salud y la dicha.

Número tres

Varias culturas de todo el mundo ven en el número tres un símbolo de plenitud, armonía y unidad. El número está ampliamente expresado en el arte y la literatura y tiene una asociación espiritual.

Números de la mala suerte

Se cree que los números de la mala suerte traen mala suerte o desgracia a quienes los utilizan. Pueden basarse en supersticiones culturales o acontecimientos históricos y a menudo se evitan o se omiten por completo. Algunos de los números de la mala suerte más comunes son:

Cuatro: Considerado de mala suerte en muchas culturas de Asia Oriental, el cuatro se asocia a menudo con la muerte, ya que suena parecido a la palabra "muerte" en muchos idiomas de Asia Oriental. Este número suele omitirse o evitarse en edificios, números de teléfono y otros contextos.

Trece: Considerado de mala suerte en muchas culturas occidentales, el trece se asocia a menudo con la mala suerte. Este número se conoce a veces como el número de la "mala suerte" o "de la superstición" y suele evitarse u omitirse en muchos contextos, incluidos edificios y hoteles.

Seis-seis-seis: El 666 se considera un número de mala suerte en muchas culturas, ya que suele asociarse con el mal o el diablo. Este número se conoce a veces como el "número de la bestia" y suele evitarse u omitirse en muchos contextos.

Además de estos ejemplos típicos, muchos otros números de la suerte y la mala suerte varían mucho de una cultura a otra. Algunas culturas tienen diferentes números de la suerte y la mala suerte para distintas ocasiones o acontecimientos. Por ejemplo, en algunas tradiciones indias, el número nueve se considera de la suerte en las bodas, mientras que el número ocho se considera de la mala suerte en los funerales.

En general, los números de la suerte y la mala suerte son una parte fascinante y compleja de la cultura humana, lo que demuestra las profundas conexiones entre los números, la cultura y la superstición. Aunque estas creencias no se basen en pruebas científicas, siguen siendo esenciales en la vida y las creencias de muchas personas. Son un testimonio del poder perdurable de la superstición y la tradición humanas.

Simbolismo popular de los números

Uno: Unidad, independencia, individualidad, comienzos, singularidad. El número uno se asocia a menudo con los nuevos comienzos y el volver a empezar. Representa la independencia y la individualidad, ya que está solo y no es divisible. También puede representar la singularidad del universo o de un ser divino. El uno puede representar el yo, el liderazgo, la confianza y la determinación.

Dos: Dualidad, equilibrio, armonía, polaridad, asociación y oposición. El número dos representa la dualidad y la polaridad. Puede representar el equilibrio entre fuerzas opuestas, como la luz y la oscuridad, el bien y el mal, o el yin y el yang. También representa el concepto de asociación y relaciones. El dos puede representar la armonía, la cooperación y la diplomacia.

Tres: Trinidad, culminación, perfección, conciencia espiritual, creatividad y crecimiento. El número tres se asocia a menudo con la culminación, la perfección y la trinidad en muchos contextos religiosos. Representa la unidad de mente, cuerpo y espíritu. El tres puede representar la creatividad, el crecimiento, el desarrollo, la conciencia espiritual y la conexión.

Cuatro: Estabilidad, orden, organización, mundo material, los cuatro elementos, dirección y fundamento. El número cuatro representa la estabilidad y el orden en el mundo material. Representa los cuatro elementos (tierra, aire, fuego y agua), las cuatro estaciones (primavera, verano, otoño e invierno) y las cuatro direcciones (norte, sur, este y oeste). El cuatro puede representar los cimientos, la estructura y la importancia de la planificación y la organización.

Cinco: Aventura, cambio, flexibilidad, ingenio, versatilidad y libertad. El número cinco representa el cambio y la transformación, los cinco sentidos y los cinco dedos de la mano. Representa la libertad, la flexibilidad y el ingenio. El cinco también puede representar la aventura y la necesidad de explorar.

Seis: Armonía, equilibrio, domesticidad, familia, comunidad, amor y belleza. El número seis representa la armonía y el equilibrio en las relaciones, especialmente en el contexto de la familia y la comunidad. Representa el amor, la compasión y la empatía. El seis también puede representar la belleza y la estética.

Siete: Misterio, intuición, conciencia espiritual, análisis, sabiduría, introspección. El número siete se asocia a menudo con el misterio y la conciencia espiritual. Representa la introspección, la autorreflexión y la necesidad de análisis y comprensión. El siete también se asocia con la intuición y la sabiduría.

Ocho: Abundancia, éxito, infinito, riqueza material, negocios, finanzas, poder. El número ocho se asocia a menudo con la riqueza material y el éxito, especialmente en el contexto de los negocios y las finanzas. Representa la abundancia, el infinito y el concepto de poder y control, y el ocho también puede representar la organización y la gestión.

Nueve: Iluminación, culminación, espiritualidad, amor universal, humanitarismo, misticismo. El número nueve representa la culminación y el final de un ciclo. A menudo se asocia con la iluminación espiritual y el concepto de amor universal. El nueve también puede representar el humanitarismo y la necesidad de compasión y empatía hacia los demás. Se asocia con el misticismo, la búsqueda de significado y una comprensión más profundos.

Diez: Culminación, totalidad, logro, realización, integración, perfección. El número diez representa la plenitud y la totalidad, sobre todo en los logros y las realizaciones. Representa la integración y la unión de diferentes partes para crear un todo. El diez también puede representar la perfección y la búsqueda de la excelencia.

El número trece y las supersticiones

El número trece es una de las supersticiones más conocidas y duraderas de la cultura occidental y está asociado a diversas supersticiones y creencias populares.

Una de las supersticiones más comunes en torno al número 13 es que se considera de mala suerte. Los orígenes de esta creencia están parcialmente claros, pero hay varias teorías populares sobre sus orígenes.

Una teoría es que la superstición que rodea al número 13 se remonta a la última cena, en la que había 13 personas presentes, Jesús y sus 12 discípulos, y uno de los discípulos, Judas, traicionó más tarde a Jesús. Esto ha llevado a algunos a asociar el número 13 con la traición y a considerarlo un símbolo de mala suerte y maldad.

Otra teoría es que la superstición que rodea al número 13 tiene que ver con los caballeros templarios. Según la leyenda, el viernes 13 de octubre de 1307, el rey Felipe IV de Francia ordenó la detención y ejecución de todos los templarios, una poderosa y rica orden religiosa de la época. Este suceso se ha asociado con la mala suerte y la desgracia y puede haber contribuido a la superstición que rodea al número 13.

En la cultura occidental, varias supersticiones populares y creencias populares se asocian al número 13. Estos son algunos ejemplos. He aquí algunos ejemplos:

La triscaidecafobia es el miedo al número trece y es una de las supersticiones más conocidas en torno a este número. Algunas personas tienen tanto miedo al número 13 que hacen todo lo posible por evitarlo: evitan viajar, firmar contratos o tomar decisiones importantes el día 13 del mes o el viernes 13.

Edificios sin planta 13: Muchos edificios y hoteles omiten por completo la planta 13 y la denominan planta 14. Esto se hace para evitar la superstición de la gente de que el 13 es el día de la muerte. Esto se hace para evitar la superstición que rodea al número 13 y hacer que el edificio o el hotel sean más atractivos para quienes temen a este número.

Día de mala suerte: En la cultura occidental, el viernes 13 suele considerarse el día más desafortunado del año. Muchas personas creen que es más probable que ocurran cosas malas ese día y toman precauciones adicionales para evitar accidentes o desgracias.

Mala suerte en numerología: En numerología, el número 13 suele considerarse de mala suerte porque se ve como una combinación de los números 1 y 3, ambos asociados a la mala suerte en algunas culturas.

Afortunado en algunas culturas: Aunque el número 13 suele considerarse de mala suerte en la mayoría de las culturas occidentales, en realidad se considera afortunado en algunas otras culturas. Por ejemplo, en Italia, el número 13 se asocia con la buena suerte y la prosperidad y se utiliza a menudo en la lotería y otros juegos de azar.

En general, las supersticiones y creencias populares en torno al número 13 son complejas y variadas y demuestran el poder duradero de las creencias y supersticiones humanas. Aunque estas creencias pueden no estar basadas en pruebas científicas, siguen desempeñando un papel esencial en la vida y las creencias de muchas personas y son un testimonio de las profundas conexiones entre los números, la cultura y la superstición.

Simbolismo espiritual de los números

El simbolismo espiritual de los números varía según las culturas y los sistemas de creencias. En muchas tradiciones espirituales, se cree que los números tienen significados más profundos que su valor matemático y se utilizan para transmitir mensajes espirituales, verdades y sabiduría. He aquí algunos ejemplos:

Uno: En muchas tradiciones espirituales, el número uno representa la unidad de todas las cosas y la interconexión del universo. Se considera la fuente de toda la creación y representa la chispa divina dentro de cada persona.

Dos: El número dos representa la dualidad y el equilibrio. Simboliza las fuerzas complementarias de la naturaleza, como el yin y el yang, la luz y la oscuridad, y lo masculino y lo femenino. En algunas tradiciones espirituales, el número dos también se asocia con la asociación, la cooperación y la armonía.

Tres: El tres es un número poderoso en muchas tradiciones espirituales: El tres es un número poderoso en muchas tradiciones espirituales, ya que representa el equilibrio y la armonía. A menudo se ve como un símbolo de la trinidad, como el Padre, el Hijo y el Espíritu Santo en el cristianismo, o las tres joyas del budismo (Buda, Dharma y Sangha). El tres también puede representar el pasado, el presente y el futuro, o el cuerpo, la mente y el espíritu.

Cuatro: En muchas tradiciones espirituales, el cuatro representa la estabilidad y el arraigo. Se asocia con los cuatro elementos (tierra, aire, fuego y agua), las cuatro direcciones (norte, sur, este y oeste) y las cuatro estaciones. En algunas tradiciones espirituales, el cuatro también se asocia con el materialismo y el mundo físico.

Cinco: El cinco se asocia a menudo con los cinco sentidos, así como con los cinco elementos (tierra, aire, fuego, agua y éter o espíritu). También se considera un símbolo de equilibrio, armonía, libertad y aventura.

Seis: El seis se asocia a menudo con el equilibrio, la armonía y el amor. En algunas tradiciones espirituales, representa la unión de las energías divinas masculina y femenina y simboliza la creatividad y la fertilidad.

Siete: El siete es un número poderoso que representa la espiritualidad, la sabiduría y el misterio. A menudo se asocia con los siete chakras en el hinduismo y el budismo, los siete días de la creación en el cristianismo y los siete planetas en la astrología antigua.

Ocho: En muchas tradiciones espirituales, el ocho se asocia con la abundancia, la prosperidad y el éxito. A menudo se considera un símbolo del infinito y la vida eterna, y se cree que trae buena fortuna y prosperidad.

Nueve: Se asocia con la iluminación espiritual, la transformación y la culminación. Se considera un símbolo del final de un ciclo y el comienzo de uno nuevo, y se cree que aporta una sensación de plenitud y crecimiento espiritual.

En general, el simbolismo espiritual de los números es complejo y está profundamente arraigado en muchas culturas y sistemas de creencias. Aunque estas creencias pueden no estar basadas en pruebas científicas, siguen aportando significado y orientación a muchas personas en sus viajes espirituales.

Las creencias sobre los números de la suerte y de la desgracia varían mucho de una cultura a otra y de una región a otra, y lo que se considera de la suerte o de la desgracia en una cultura puede no ser lo mismo en otra. Dicho esto, he aquí algunos de los números de la suerte y la mala suerte más comúnmente reconocidos, junto con las supersticiones asociadas:

Números de la suerte

Siete: El siete se considera un número de la suerte en muchas culturas y se asocia a menudo con el espiritualismo y el misticismo. En algunos sistemas de creencias, el siete representa la totalidad o la perfección, como en los siete días de la creación en la tradición judeocristiana. Se cree que el siete es un número de la suerte en China porque su pronunciación es similar a la palabra china para "unión".

Ocho: En la cultura china, el número ocho se considera extremadamente afortunado porque su pronunciación es similar a la palabra china para "prosperidad" o "riqueza". Como resultado, el número ocho se asocia a menudo con el éxito financiero y la buena fortuna.

Nueve: En algunas culturas, el número nueve se considera de la suerte porque se asocia con una larga vida. En la cultura china, el número nueve se asocia con el emperador y se cree que es el número más afortunado.

Números de la mala suerte

Trece: El número trece está ampliamente considerado como de mala suerte en las culturas occidentales y a menudo se asocia con la mala suerte e incluso con la muerte. Esta superstición puede tener su origen en la creencia cristiana de que el trece daba mala suerte porque era el número de personas que participaron en la última cena (incluido Judas, que más tarde traicionó a Jesús).

Cuatro: En muchas culturas asiáticas, el número cuatro se considera de muy mala suerte porque su pronunciación es similar a la palabra "muerte" en chino, japonés y coreano. Como resultado, muchos edificios de estas culturas no tienen cuatro. Las creencias sobre los números de la suerte y la mala suerte han estado presentes en muchas culturas y tradiciones durante siglos. Estas creencias suelen estar profundamente arraigadas en la superstición y no se basan en pruebas científicas.

Los números de la suerte varían de una cultura a otra. Por ejemplo, en la cultura china, el número ocho se considera de la suerte porque su pronunciación suena similar a la palabra "riqueza", mientras que el número nueve se considera de la suerte en Japón porque se asocia con la longevidad. En el hinduismo, el número 108 se considera muy auspicioso y sagrado, mientras que, en el mundo occidental, el número siete suele considerarse un número de la suerte, posiblemente por su asociación con un significado espiritual y místico.

Por otra parte, algunos números se consideran de mala suerte en muchas culturas. El número 13 es el ejemplo más conocido de número de la mala suerte, especialmente en las culturas occidentales. A veces se denomina triscaidecafobia. En muchas culturas asiáticas, el número cuatro da mala suerte porque suena parecido a "muerte". Del mismo modo, el número nueve se considera de mala suerte en Japón porque suena parecido a la palabra "sufrimiento".

Las supersticiones asociadas a estos números pueden ir desde evitar utilizar determinados números o evitar ciertos pisos en edificios que contengan esos números hasta tomar decisiones importantes basándose en la percepción de suerte o mala suerte de un número. Por ejemplo, algunas personas pueden intentar programar acontecimientos importantes en días "afortunados" o evitarlos en días "desafortunados", mientras que otras pueden evitar casas o edificios con determinados números.

Aunque estas creencias pueden no estar basadas en pruebas científicas, siguen determinando la forma en que las personas interactúan con el mundo que les rodea, y el número cuatro suele evitarse a toda costa.

Nueve: Aunque el número nueve se considera de la suerte en algunas culturas, también se considera de la mala suerte en otras. En Japón, el número nueve se asocia con el sufrimiento y la miseria y suele evitarse. En el hinduismo, el número nueve se considera desfavorable porque se asocia con la diosa Kali, a menudo relacionada con la muerte y la destrucción.

En general, las creencias sobre los números de la suerte y la mala suerte están profundamente arraigadas en la cultura y la tradición y pueden tener un fuerte impacto en el comportamiento y la toma de decisiones de las personas. Aunque estas creencias no se basen en pruebas científicas, siguen determinando la forma en que las personas interactúan con el mundo que les rodea.

Capítulo 7: Supersticiones sobre alimentos y objetos

Está en casa de un amigo y fuera llueve a cántaros. Cuando está a punto de salir, abre el paraguas antes de salir por la puerta. De repente, su amigo jadea y exclama: "¿Qué has hecho?". Existe la superstición común de que da mala suerte abrir un paraguas dentro de casa, ya que la gente cree que trae desgracia. Hay muchas supersticiones similares, como que pasar por debajo de una escalera, romper un espejo, echar sal o cortar un plátano también trae mala suerte.

Del mismo modo, muchas supersticiones están asociadas a la buena suerte, como colgar una herradura en casa o comer guisantes de ojo negro. En este capítulo trataremos las supersticiones más comunes sobre objetos y alimentos, así como su historia y origen.

Supersticiones sobre los alimentos

Cada cultura tiene sus propias supersticiones sobre los alimentos. Algo aceptable en un país se considera mala suerte en otro. Mientras que algunas supersticiones están relacionadas con la historia, otras se derivan de creencias religiosas.

Bananas

Las bananas simbolizan la libertad^e

Las bananas simbolizan la libertad, la abundancia y la generosidad. Se cree que cortar esta fruta trae desgracias; en su lugar, hay que partirla en trozos. Las cáscaras de banana deben tirarse siempre a la basura; si uno las tira al suelo, puede experimentar un destino terrible. Es sabido que resbalar con una cáscara de banana puede causar lesiones graves, de ahí el origen de la superstición.

Los marineros consideran que las bananas son un mal presagio, por lo que no se debe comer una cuando se está en un barco o buque.

Guisantes de ojo negro

Los guisantes de ojos negros simbolizan la buena suerte. Comerlos en Nochevieja en EE.UU. invitará a la buena salud y la prosperidad en el año venidero.

Pan

El pan se considera sagrado en muchos países del mundo, y algunas culturas incluso tratan a los panaderos como sacerdotes. Casi todo el mundo come pan, por lo que existen diversas supersticiones relacionadas con él que proceden de muchas regiones.

Hornear pan

Según una superstición escocesa, cantar mientras se hornea el pan trae mala suerte. A veces, después de hornear el pan, las barras se quedan pegadas. Cuente los panes pegados; si hay cuatro, significa que usted o alguien de su familia se casará. Sin embargo, si hay cinco panes pegados, pronto asistirás al funeral de alguien.

Pan y mantequilla

Dejar caer una rebanada de pan con mantequilla al suelo puede tener diferentes significados, dependiendo de cómo caiga. Si cae del lado de la mantequilla, significa que un familiar o un amigo va a venir a visitarle, por lo que debe preparar su casa para recibir invitados. Sin embargo, otros creen que, si cae del lado de la mantequilla, traerá mala suerte.

Se inspira en una superstición latina que dice que, si a un niño se le cae el pan por el lado de la mantequilla, es un mal presagio, pero si cae por el otro lado, da buena suerte.

Esta superstición influyó en el dicho "¿Por qué el pan siempre cae con la mantequilla hacia abajo?", que se dice para indicar la desgracia que les sobreviene cuando el pan cae por el lado de la mantequilla.

Cortar una cruz en el pan

En la época medieval, cortar cruces en las barras de pan podía ahuyentar a los malos espíritus y protegerle de las brujas. Esta superstición se originó en Inglaterra en el siglo XIII. Un monje llamado san Albán inició esta tradición y la llamó "los bollos del Viernes Santo".

Hoy en día, en Gran Bretaña, esta superstición sigue siendo popular y la gente hace panes y productos horneados con cruces, pero en lugar de hacer un corte en el pan, lo dibujan con glaseado. Aunque se pueden hacer bollos con cruces calientes todo el año, son más comunes en Semana Santa. De hecho, la gente creía que, si los horneaba un viernes de Semana Santa, el pan quedaría encantado.

Cómo cortar el pan

La forma de cortar el pan puede traer buena o mala suerte. Cortar una barra de pan de manera uniforme le traerá buena suerte, prosperidad y éxito. Sin embargo, si los trozos de pan resultan desiguales, significa que está mintiendo sobre algo o que guarda un secreto.

En otra superstición, las culturas antiguas creían que cortar el pan con un cuchillo traía mala suerte. El pan es un regalo enviado por Dios, así que hay que partirlo con las manos, ya que utilizar un cuchillo es un insulto a Dios. Sin embargo, si tiene que utilizar un cuchillo, no lo corte por los dos lados. Cortar el pan por un lado, le traerá prosperidad y bendiciones.

Encontrar un cadáver

Los europeos y los indios americanos creían que con pan se podía encontrar a una persona ahogada. La gente añadía azogue al pan, lo tiraba al agua y observaba cómo flotaba y dejaba de moverse en el mismo lugar donde yacía el cadáver.

El último trozo de pan

Nunca coma el último trozo de pan, aunque se esté muriendo de hambre, ya que le traerá mala suerte. Si es soltero y come el último trozo de pan antes de que alguien se lo ofrezca, permanecerá soltero para siempre.

Sin embargo, si alguien le ofrece pan con mantequilla, acéptelo y cómalo enseguida, puesto que le traerá buena suerte, amor o dinero.

Cómo hacer que su suegra le quiera

Los griegos creen que, si piensa que su suegra no le quiere, coma la parte inferior de una barra de pan y empezará a caerle bien.

Poner el pan boca abajo

Poner el pan boca abajo puede traer desgracias e invitar al diablo a casa. Esta superstición se remonta a la Francia del siglo XV. En aquella época, el rey Carlos VII celebraba muchas ejecuciones públicas. Pedía a los ciudadanos que actuaran como verdugos, de modo que cualquiera con un hacha en la mano podía hacer el trabajo. Muchos parisinos se sentían incómodos con los verdugos, algunos incluso los odiaban. Los panaderos expresaron sus sentimientos hacia ellos haciéndoles pan de baja calidad. Cuando el rey Carlos VII se enteró, ordenó que los panaderos debían tratar a todos sus clientes por igual, incluidos *los verdugos.*

Los panaderos decidieron que, en lugar de tener que lidiar a diario con estos hombres, hornearían baguettes de gran calidad y las colocarían boca abajo. Esto indicaba que las barras de pan estaban reservadas para los verdugos, y nadie podía tomarlas. Los verdugos entraban en las panaderías todas las mañanas, recogían el pan boca abajo sin hablar con nadie y se marchaban.

Hoy en día, la gente cree que colocar los panes boca abajo invita a un equivalente del verdugo, como el diablo o el mal, a su hogar.

Pan que sube

Si el pan sube mientras lo está horneando, esto indica que una persona especial está pensando en usted en este preciso momento.

Tirar el pan

Tirar pan duro se considera mala suerte, e incluso pecado en algunas culturas. Si tira migas de pan al suelo, también puede traerle falta de prosperidad. En Rusia, creen que después de morir, el pan que usted tira se pesará en la otra vida para determinar si acabará en el cielo o en el infierno.

Tirar el pan al fuego

Según antiguas creencias, si tira trozos de pan al fuego, estará alimentando a Lucifer. Según otra superstición, arrojarlo al fuego provocará la muerte por inanición. Los antiguos católicos contaban a los niños que la Virgen María lloraba cada vez que arrojaban pan al fuego. Por esta razón, los panaderos cortan una cruz en la masa antes de meterla en el horno para protegerla del diablo.

Huevos

Los huevos representan la fertilidad, la esperanza, el ciclo de la vida y la pureza. Si usa huevos y encuentra uno con doble yema, alguien en su casa tendrá gemelos. Esta superstición tiene su origen en la antigua Roma. Sin embargo, en la mitología nórdica, un huevo con dos yemas predice la muerte de alguien.

En las culturas asiáticas, los huevos son símbolo de prosperidad y buena fortuna.

Pescado

Los pescados simbolizan los sentimientos, la salud, el cambio, la fertilidad, la suerte y el renacimiento. En la República Checa, poner escamas de pescado bajo el plato de la cena navideña trae buena suerte, y también hay quien pone escamas de pescado en la cartera para atraer la riqueza.

Ajo

El ajo es muy apreciado en distintas culturas porque simboliza la buena fortuna y puede proteger contra la magia negra. En la antigua Italia se creía que comer un diente de ajo a primera hora de la mañana traía buena suerte. En Grecia, la gente cree que la palabra "ajo" significa buena suerte y que colgar una cabeza de ajo en casa traerá buena suerte y ahuyentará a los malos espíritus.

En Polonia, los adultos comían un diente de ajo y pronunciaban la palabra serpiente delante de los niños para protegerlos de la mala suerte que pudiera traerles una serpiente. Una de las supersticiones más populares relacionadas con el ajo es que puede proteger contra los vampiros.

Uvas

Las uvas simbolizan la abundancia°

Las uvas simbolizan las variaciones y la abundancia. En España y Sudamérica se cree que comer doce uvas a medianoche en Nochevieja predice si el año será bueno o malo. Cada uva representa un mes del año entrante. Una uva dulce indica que tendrá un buen mes, mientras que una uva ácida indica que la mala suerte se ensañará con usted en ese mes concreto.

Pimientos picantes

Si está comiendo con un amigo y le pide que le pase los pimientos picantes o jalapeños, colóquelos en la mesa y pídale que los tome. Dar a un amigo pimientos picantes puede causar problemas entre los dos.

Fideos

En China, los fideos representan una larga vida. Cortar los fideos mientras los preparas acortará su vida. Intente comer los fideos sorbiéndolos para asegurarse una larga vida.

Cebollas

La cebolla es símbolo de unidad y, en algunas culturas, representa la vida eterna. Se cree que cuando tira cáscaras de cebolla al suelo, invita a la mala suerte a su vida y desecha la buena fortuna. Si cuelga una cebolla pequeña sobre la ventana, evitará que los malos espíritus entren en su casa.

Arroz

El arroz simboliza la buena salud, la fertilidad, el éxito, la riqueza y la prosperidad. Seguramente se habrá dado cuenta de que en las bodas se tira arroz. Se trata de una antigua tradición originaria de Italia, y se cree que aporta fertilidad y prosperidad a los recién casados.

En Filipinas, comer arroz del fondo de la olla conllevará una serie de pérdidas en su vida. Por ejemplo, será la última persona en ascender en el trabajo, perderá una carrera y será el último en todo en la vida.

Sal

La sal simboliza la conservación, la pureza, el lujo, los malos pensamientos y la muerte. Se cree que derramar sal puede traerle una racha de mala suerte. Sin embargo, se puede dar la vuelta a la situación arrojando una pequeña cantidad de sal sobre el hombro izquierdo, ya que es ahí donde se sienta el diablo. Esta superstición tiene su origen en el cuadro "la última cena" de Leonardo da Vinci, en el que se derrama sal delante de Judas.

En la antigüedad, la sal era muy valiosa y se utilizaba como moneda. Así que cuando alguien la derramaba, estaba malgastando dinero, que es probablemente cómo se convirtió en una superstición.

Yogur

El yogur simboliza la transformación y la gratitud. En la India, la gente come yogur con azúcar antes de emprender un nuevo negocio, y los estudiantes lo comen antes de un examen para atraer el éxito y la buena suerte.

Supersticiones sobre objetos

Hay muchas supersticiones fascinantes de todo el mundo sobre distintos objetos. Dependiendo de su uso, un mismo objeto puede traer tanto buena como mala suerte.

Herraduras

Las herraduras siempre han sido símbolo de buena suerte. Sin embargo, algunas supersticiones relacionadas con ellas demuestran que son algo más que un amuleto de la suerte.

Mala suerte

Colgar una herradura boca abajo puede traer mala suerte, ya que la suerte se escapará. Sin embargo, otras supersticiones dicen que puede proteger la casa contra el diablo.

Ahuyentar el mal

Colgar una herradura en casa ahuyenta a los malos espíritus e invita a la buena suerte. La buena suerte también puede extenderse a cualquiera que entre en su casa. En algunas culturas, si cuelga una herradura en la puerta y recibe una visita, debe entrar y salir por la misma puerta, o se llevará toda la suerte consigo. Esta superstición se remonta a la antigua Inglaterra, cuando el diablo acudió a un herrero y le pidió que le hiciera un par de zapatos. El herrero lo reconoció y clavó una herradura en uno de sus cascos. El diablo estaba muy angustiado y dolorido, y el herrero aprovechó la situación, lo ató y lo encarceló. Aceptó liberarlo con una condición: que prometiera no entrar nunca en una casa si en la puerta colgaba una herradura.

Debajo de la almohada

En Nochevieja, coloque una herradura bajo la almohada y duerma sobre ella para atraer la buena fortuna a su vida en el año venidero.

Escaleras

Las escaleras simbolizan la ascensión, la progresión y la conexión entre el mundo físico y el cielo. Muchas culturas creen que pasar por debajo de una escalera puede traer mala suerte a su vida. Esta superstición tiene su origen en el antiguo Egipto. Los antiguos egipcios creían que las pirámides y todas las demás figuras triangulares eran fuerzas sagradas y poderosas de la naturaleza, y que daba mala suerte romper una.

Un muro y una escalera inclinada formaban un triángulo, de modo que cuando uno pasa por debajo de una escalera, está rompiendo el triángulo, que es una fuerza de la naturaleza. Los antiguos egipcios también enterraban escaleras con sus muertos, para poder utilizarlas para ascender al cielo. También creían que se corría el riesgo de molestar y enfadar a los dioses y diosas al pasar por debajo de una escalera.

Sin embargo, el miedo a pasar por debajo de una escalera no se generalizó hasta la Edad Media. Una escalera apoyada en una pared se parece mucho a la horca. Durante las ejecuciones, las personas que iban a ser ahorcadas solo llegaban a la soga subiéndose a una escalera. Antes de las ejecuciones, los criminales también debían pasar por debajo de una. La gente creía que, si uno pasaba por debajo de una escalera, algún día se enfrentaría a la ejecución. Por eso la gente la asocia con la mala suerte e incluso con la muerte.

Otra versión de la superstición está asociada a la religión. El Espíritu Santo, el Hijo y el Padre representan la Santísima Trinidad y el número tres, que es sagrado en el cristianismo. Como una escalera apoyada en una pared parece un triángulo, pasar por debajo de una puede romper la sagrada Trinidad. También se cree que es un acto blasfemo, un pecado, y que puede invitar al diablo a entrar en su vida. Cuando está apoyada contra una pared, una escalera puede representar un crucifijo que simboliza la muerte y la traición, por lo que caminar bajo ella traerá mala fortuna a su vida.

Espejos

Los espejos se consideran sagrados en muchas culturas [10]

Los espejos simbolizan la vanidad, la arrogancia y el agua. En muchas culturas de todo el mundo, los espejos se consideran encantados y sagrados.

Un buen susto

A veces, puede asustarle entrar en un lugar y que le tome desprevenido su reflejo en un espejo. Aunque esto puede resultar embarazoso, le traerá buena suerte. Sin embargo, no intente asustarse a propósito porque no será efectivo. El susto tiene que producirse de forma natural.

Calmar sus nervios

Mirar su reflejo en el espejo cuando está ansioso o estresado le hará sentirse más tranquilo y relajado. Se cree que los espíritus se llevarán todos sus problemas. Sin embargo, mirarse en el espejo durante mucho tiempo provocará a los espíritus, y pueden venir a por su alma.

Bloody Mary, Bloody Mary, Bloody Mary

Una de las supersticiones más populares y espeluznantes asociadas a los espejos es *Bloody Mary*. Según la leyenda, cuando usted enciende una vela y atenúa las luces, y dice "Bloody Mary" tres veces frente a un espejo, Mary se le aparecerá como un reflejo. Gritará o le agarrará por el cuello. Incluso puede escapar del espejo y perseguirle.

Esta superstición se originó en la antigua Inglaterra cuando la reina de Inglaterra, María Tudor, dio órdenes de matar a 280 protestantes.

Cubrir los espejos

Muchas personas cubren sus espejos tras la muerte de un ser querido. La creencia es que los espíritus permanecen en su casa hasta que se entierra el cuerpo. Si el espíritu ve un espejo, quedará atrapado en él para siempre, y el espejo adoptará la apariencia de la persona. Esto parece el argumento de una película de miedo.

Algunas personas creen que los espejos son las puertas del diablo y que los utiliza para entrar en este mundo. Cubrir los espejos le protegerá a usted y a su hogar de los demonios.

Regalar espejos

En las culturas asiáticas, regalar un espejo a los recién casados el día de su boda trae mala suerte. Los espejos se rompen con facilidad, y el matrimonio debe ser fuerte y durar para siempre, por lo que pueden ser vistos como un mal presagio cuando se regalan.

Los espejos también pueden atraer a los malos espíritus, por lo que no son un regalo apropiado para nadie, y mucho menos para los recién casados.

Mirarse al espejo

Si los recién casados se miran juntos en un espejo justo después de casarse, sus almas se unirán para siempre. También crearán una realidad alternativa en la que sus almas pasarán la eternidad juntas.

Siete años de mala suerte

En la antigua Roma, romper un espejo traía siete años de mala suerte. Creían que la vida se renovaba cada siete años, que es cuando terminaría la maldición.

Por otro lado, un espejo que no se rompe por muchas veces que lo deje caer simboliza la buena suerte. Sin embargo, esto no significa que deba seguir dejando caer un espejo para tener buena suerte, porque una vez que se rompa, su suerte cambiará para peor.

Paraguas

Los paraguas simbolizan la feminidad, el cobijo, el poder, la prosperidad y la protección. Muchas personas en todo el mundo creen que abrir un paraguas dentro de casa puede traerles mala suerte e infelicidad. El origen de esta superstición se remonta al antiguo Egipto. Los antiguos egipcios creían que abrir paraguas dentro de casa era una ofensa a Ra, el dios del sol y creador del universo, por lo que era una de las deidades más respetadas entre su pueblo. Así que cuando uno le ofendía, se arriesgaba a su ira y a la mala suerte por haber abierto la sombrilla lejos del sol. Ra no solo castigaba a la persona que abría el paraguas, sino también a todos los que vivían en la casa.

Algunas personas creen que solo un paraguas negro o uno nuevo traerá suerte si se abre dentro de casa. En los tiempos modernos, la gente cree que abrir un paraguas dentro de casa no es una buena idea. Puede invitar a fantasmas y espíritus malignos a entrar en casa, traer la discordia entre usted y un ser querido, y también puede predecir una muerte inminente.

Las supersticiones sobre alimentos y objetos existen desde hace siglos. Un objeto puede traer buena o mala suerte según la cultura o el uso que se le dé. Algunas de estas supersticiones pueden incluso hacer cambiar de opinión a los más incrédulos. Por ejemplo, comer un diente de ajo en ayunas no solo trae buena suerte, sino que previene enfermedades. Abrir un paraguas en casa no solo invita a la desgracia, sino que también puede dañar sus pertenencias.

Capítulo 8: Supersticiones sobre el nacimiento y la muerte

Las supersticiones no solo están relacionadas con los números, los animales, los objetos o la comida. Muchas otras están relacionadas con el nacimiento y la muerte. Muchos cuentos antiguos de comadronas sobre el embarazo y los bebés han creado supersticiones fascinantes que siguen siendo populares hoy en día. Aunque varias supersticiones predicen la muerte, unas pocas están relacionadas con el entierro, los cadáveres y los cementerios. Aunque esto pueda sonar morboso, estas supersticiones tienen asociadas intrigantes e interesantes historias folclóricas.

En este capítulo trataremos las distintas supersticiones sobre el nacimiento y la muerte, así como su historia y orígenes.

Nacimiento

Muchas supersticiones sobre el nacimiento de distintas culturas están relacionadas con el parto, la crianza y la educación de los hijos. Algunas pueden sorprenderle, otras asustarle y algunas pueden resultar extrañas. Se cree que muchas supersticiones del nacimiento se originaron debido a la confusión de los padres con el cuidado de los niños y el parto.

Anuncios

En Bulgaria, las mujeres solo comparten la noticia de su embarazo con sus parejas y se abstienen de anunciar la noticia a nadie más durante todo el tiempo que pueden por miedo a que les caiga una maldición.

Ojos azules

En Bulgaria, la gente cree que la mala suerte caerá sobre sus hijos si los mira alguien con los ojos azules. Para deshacerse de esta maldición, los padres deben lavar el pie izquierdo y el ojo derecho del niño dos veces al día durante tres días.

Dagas y tijeras

En China, las mujeres embarazadas no deben tener tijeras, agujas ni ningún objeto afilado cerca de la cama porque representan el corte del cordón umbilical, lo que puede provocar un embarazo prematuro o defectos de nacimiento. Sin embargo, pueden guardar una daga debajo de la cama porque protege al feto de los malos espíritus.

Doctor oso

En Gran Bretaña existe la creencia de que, si un bebé se sienta en el lomo de un oso, no contraerá la tos ferina.

Comer pescado

En Canadá, la gente cree que, si una mujer embarazada tiene antojo de pescado, debe comerlo inmediatamente; ¡su bebé tendrá cabeza de pescado si no satisface su antojo!

Eclipse

En la India, es mala suerte que una mujer embarazada esté expuesta a un eclipse, ya que puede causar deformidades al feto. Durante un eclipse, deben cerrarse todas las ventanas y cortinas para proteger a la madre embarazada de los rayos del eclipse.

Primeros pasos

En Bulgaria, los padres tienen una bonita tradición llamada "proshtapulnik" que creen que determinará el futuro de su hijo. Ponen la mesa en su casa y colocan en ella algunos objetos relacionados con distintas profesiones. Por ejemplo, pueden añadir una pelota (deportes), una regla (ingenieros), una pequeña pizarra (profesores) y un estetoscopio de juguete (médicos). Cuando el bebé dé sus primeros pasos y elija uno de estos objetos, será su profesión cuando crezca.

Funerales

Los nativos americanos creían que las mujeres embarazadas debían mantenerse alejadas de los funerales porque podían provocar un aborto. Creían que las mujeres embarazadas que llevaban una nueva vida no debían exponerse al final de la vida, ya que el feto querría unirse al difunto y volver al reino de los espíritus.

Las embarazadas judías también evitan los funerales porque creen que el espíritu del difunto puede acercarse al feto y causarle daño.

Salta sobre el bebé

El catolicismo está muy extendido en España, y muchos son devotos de su creencia religiosa, por lo que algunas de sus supersticiones están relacionadas con su fe. Una de sus fiestas religiosas más populares se llama Corpus Christi y se celebra en junio, donde realizan algo llamado "salto del diablo". En el catolicismo, todos los bebés nacen con el pecado original. Por eso, durante la fiesta se celebra la tradición del Castrillo de Murcia, que pretende salvar al bebé de este pecado. Alguien se pone un traje amarillo y rojo para parecerse al diablo o El Colacho. Los bebés nacidos en los últimos doce meses son colocados en colchones en la calle y luego el personaje del diablo salta sobre ellos.

Algunas iglesias católicas creen que este salto purifica a los recién nacidos del pecado original. También evitará que los espíritus malignos les hagan daño y garantizará que lleven una vida alejada de la influencia del diablo. Como ocurre con cualquier superstición, algunas personas están en contra de esta tradición y consideran que puede poner en peligro la vida del bebé.

Mantener a los bebés alejados del suelo

En Bali (Indonesia), los recién nacidos deben mantenerse alejados del suelo durante unos cuatro meses después de nacer. Los bebés son sagrados en Bali, por lo que permitirles tocar el suelo se considera una blasfemia, ya que la tierra puede empañar y arruinar sus almas puras. Se cree que son los espíritus divinos de sus antepasados o reencarnaciones de sus familiares muertos y deben ser tratados con respeto.

En la cultura indonesia, el alma de un recién nacido aún no está completamente establecida, por lo que, si tocan el suelo, esto interferirá en el desarrollo del alma y su conexión con lo divino. Por ello, los bebés deben permanecer en sus cunas. A los tres meses, los padres celebran una ceremonia para su pequeño llamada "Nyabutan", en la que cortan el pelo al bebé, le dan un nombre y sirven comida a los invitados. También deben rociar agua bendita para apaciguar a los espíritus. Durante esta ceremonia, los bebés pueden tocar el suelo por primera vez.

Leis y madres embarazadas

Los leis son collares de flores que suelen llevar los turistas en Hawái. Aunque es una tradición divertida, puede dar mala suerte a las madres embarazadas llevarlos. Los hawaianos creen que las mujeres que están esperando un hijo no deben llevar leis ni ningún tipo de collar. Los collares se parecen al cordón umbilical, así que cuando una madre lleva uno, el cordón umbilical se ata alrededor del cuello del bebé y acaba con su vida.

En Hawái, la gente también cree que el lago Waiau está encantado, por lo que tirar el cordón umbilical de un niño en él garantizará que vivirá una vida muy larga.

Sin celebraciones

Hoy en día, los bebés se celebran incluso antes de nacer, con ceremonias como baby showers o fiestas para revelar su sexo. Sin embargo, en algunos lugares de Israel, estas celebraciones están mal vistas. Las familias judías creen que cualquier celebración previa al nacimiento es innecesaria porque se está celebrando un acontecimiento que ni siquiera ha sucedido todavía, y se está restregando la felicidad en la cara de los demás, lo que puede atraer el mal y la mala suerte al niño que está por nacer.

Sin espejos

Los griegos creen que los espejos pueden apoderarse del alma de un recién nacido y atraparla para siempre. Por esta razón, los bebés nunca deben ver sus reflejos. Algunas familias griegas cubren los espejos con mantas cuando hay un recién nacido en casa.

Otros países del mundo creen en esta superstición. Hay muchas supersticiones en torno a los espejos en diferentes culturas, porque a la gente siempre le resultan intrigantes.

No estar radiantes

A las embarazadas les encanta que les digan que están radiantes, excepto en Rusia. Allí las mujeres creen que este tipo de cumplidos no son más que falsos halagos y que pueden traerles el mal y mala suerte. Si alguien halaga a una futura madre embarazada, debe llevar un hilo rojo como pulsera para protegerse.

Frotarse el vientre

Aunque a muchas embarazadas les gusta frotarse la barriga para mostrar afecto al feto, en China esto puede llevar a dar a luz a un niño malcriado.

Saliva

En Filipinas, varias supersticiones derivan de tradiciones paganas. La gente cree que los bebés experimentan algo llamado usog, que es una sensación de angustia que proviene de ser afectado por un mal de ojo. Esto suele ocurrir cuando alguien les hace un cumplido. A causa de esta maldición, el niño puede sufrir diversas enfermedades, como fiebre. Los padres suelen pedir a sus amigos y familiares que no hagan cumplidos a sus bebés. Supongamos que el bebé es tan mono que la gente siente el impulso de elogiarlo. En ese caso, deben pronunciar el conjuro "pwera usog" para indicar que sus palabras son bienintencionadas y proteger al bebé de la angustia.

Sin embargo, si el bebé está maldito por el mal de ojo, la persona que ha lanzado el maleficio debe frotar con su saliva el hombro, la frente y el pecho del bebé.

Siete días

En Egipto, las familias celebran una ceremonia tradicional llamada "Sebou" siete días después del nacimiento del bebé. Es similar a un baby shower, con celebración, comida y regalos para el recién nacido. Durante la ceremonia, se coloca al bebé sobre una tela en el suelo y la madre salta siete veces sobre él. El propósito de esta ceremonia es proteger al niño del mal. Se suele rociar sal sobre la recién nacida y por toda la casa para protegerla de los malos espíritus.

Luchadores de sumo

Nadie quiere hacer llorar a un bebé, pero en Japón se fomenta porque trae buena suerte. Incluso hay un dicho en el país: "Los bebés que lloran crecen más rápido". Existe un popular festival anual llamado *Nakizumo*, en el que los luchadores de sumo intentan hacer llorar a los bebés. Los padres suelen esperar con impaciencia esta ceremonia, ya que determina la salud y el futuro de sus bebés. Los que lloran más fuerte tendrán más bendiciones cuando crezcan porque sus llantos ahuyentan a los malos espíritus.

La luna

Existen muchas supersticiones en torno a la luna llena, por lo que tiene sentido que las mujeres embarazadas de algunas culturas desconfíen de ella. Los aztecas (una antigua cultura de México) creían que cuando una mujer embarazada miraba a la luna, su bebé nacería con el paladar hendido (una deformidad de la boca). Cuando las mujeres embarazadas salían por la noche, llevaban algo metálico para protegerse los ojos de los rayos de la luna.

Tocar el vientre

En muchas culturas, a los amigos y familiares les gusta tocar el vientre de la embarazada, pues es una muestra de entusiasmo por el nuevo bebé. Sin embargo, en Liberia, las mujeres embarazadas son muy protectoras con su vientre. Creen que cualquiera que lo toque invitará a los malos espíritus a secuestrar al feto. Guardan este honor solo para las personas en las que confían, como familiares y amigos íntimos.

Bebé feo

En Siberia, comprar regalos para un bebé nonato se considera un insulto. Después del nacimiento, la gente también debe abstenerse de llamar al bebé lindo o adorable y en su lugar llamarlo feo porque les trae buena suerte.

Boda

En muchas culturas, es un paso en falso intentar eclipsar a una novia en su día especial, pero en China es más grave. Si una mujer embarazada está en la misma habitación que una novia y un novio, sus fortunas chocarán, lo que traerá mala suerte que solo afectará al feto.

La muerte

A mucha gente le aterroriza la muerte. Todo el mundo sabe que va a morir, pero nadie puede saber cuándo ni qué ocurrirá después. Este misterio ha dado lugar a muchas supersticiones sobre la muerte en diferentes culturas de todo el mundo.

Relojes

En Europa, las familias paran todos los relojes cuando muere una persona[11]

En muchos países europeos, tras la muerte de una persona, su familia detiene todos los relojes en el momento del fallecimiento. Esta antigua tradición simboliza que el tiempo se ha detenido para la persona fallecida. En los tiempos modernos, esta tradición es un signo de respeto por el difunto.

No seguir esta tradición traerá mala suerte a toda la familia.

Día de los muertos

En México, el 31 de octubre, el mismo día que Halloween, se celebra una famosa fiesta llamada "Día de Muertos". Hay muchas supersticiones en torno a este día que se remontan al Samhain y al paganismo. Los seguidores creen que ese día el velo entre el mundo de los muertos y el de los vivos es más débil y los espíritus de los difuntos pueden cruzar al reino físico y visitar a sus seres queridos.

Este

Hay una razón por la que muchas tumbas se colocan mirando al este, y está relacionada con las creencias religiosas. Cristianos y judíos creen que los muertos resucitarán por el este el día del juicio final. Sin embargo, esta tradición es anterior a ambas religiones. Los antiguos paganos, que adoraban al sol, creían que el este representaba el futuro y la promesa de una nueva vida, mientras que el oeste se asociaba con los finales. Enterraban a sus muertos de este a oeste para simbolizar que vivían una vida plena, y al igual que el sol sale cada día, ellos también volverán a salir.

Los pies primero

En la Inglaterra victoriana, la gente sacaba el cuerpo del difunto de su casa con los pies por delante. Con ello se pretendía evitar que el recién fallecido mirara hacia atrás e invitara a otra persona a reunirse con él en el más allá. También por eso solían cubrir los párpados del difunto con monedas.

Flores

Durante siglos, personas de todo el mundo han colocado flores sobre las tumbas de sus seres queridos. Sin embargo, algunas culturas tienen diferentes interpretaciones de esta tradición. Los antiguos romanos creían que los espíritus de los muertos vagaban por los cementerios. Por eso plantaban flores para crear un espacio agradable donde sus seres queridos pasaran la eternidad.

En la Europa de 1700 y 1800, la gente creía que las flores florecerían sobre las tumbas si una persona llevaba una vida honorable. Sin embargo, si las malas hierbas rodeaban las sepulturas, se trataba de personas malas y deshonestas.

Guantes

Otra superstición de la época victoriana es que los portadores del féretro deben llevar guantes. La gente creía que el espíritu de los muertos podía entrar en el cuerpo de los vivos a través de sus manos y poseerlos.

En aquella época, la gente estaba preocupada por la muerte, ya que había muchas enfermedades incurables y las consiguientes muertes. El cristianismo también enseña que los espíritus abandonan el cuerpo tras la muerte. Sin embargo, la gente de aquella época no sabía dónde iba el espíritu. No sabían si el espíritu se quedaba con el cuerpo o era libre de poseer a otros. Como no tenían respuestas, se las inventaban. Esto llevó a la creencia de que tocar un ataúd puede hacer que el espíritu te posea.

Esta superstición sigue siendo popular hoy en día.

Lápidas

¿Sabía que las lápidas tienen su origen en una superstición? Musulmanes, cristianos y judíos creen que cuando el mundo se acabe, los muertos resucitarán y serán juzgados por sus pecados. Esta creencia era común entre los europeos del siglo XVI. Sin embargo, les preocupaba que los muertos resucitaran demasiado pronto. Fue entonces cuando idearon las lápidas y las colocaron sobre la cabeza del difunto para evitar que resucitaran antes de tiempo. En algunos lugares de Inglaterra, colocan la lápida a los pies para que el difunto no pueda levantarse y caminar.

Poderes curativos

En Estados Unidos, la gente cree que los cadáveres tienen poderes curativos. Estar junto a uno durante un funeral puede curarle de varias enfermedades.

Carroza fúnebre

En Estados Unidos y muchos otros países, la gente cree que, si una carroza fúnebre se detiene delante de una casa, alguien de esa casa morirá. En África, se cree que tres personas de la familia fallecida morirán si el coche fúnebre se detiene tres veces.

Zapatos nuevos

En la época victoriana, la gente se abstenía de llevar ropa o zapatos nuevos en los funerales, ya que era una falta de respeto y traía mala suerte.

Filipinas

La cultura filipina tiene muchas supersticiones fascinantes sobre la muerte.

- Si estornuda en un funeral, es una invitación para que el espíritu del difunto visite su casa. Sin embargo, puede deshacer la invitación pidiendo a alguien que le pellizque.
- Caminar sobre hojas de guayaba después de un funeral evitará que los muertos le sigan.
- Nunca mire su casa durante un funeral, o traerá más muerte y mala suerte a su familia.
- No vaya a su casa después de un funeral. Deténgase antes en cualquier lugar, como una cafetería o una gasolinera, para evitar que el espíritu le siga a casa.
- No acuda a más de un funeral el mismo día, o usted o uno de sus familiares será el siguiente en morir.
- Procure que sus lágrimas no caigan sobre el ataúd, o el difunto no podrá pasar al otro mundo.
- Susurre sus deseos al oído del difunto para que se los lleve al cielo.
- Barrer su casa tras la muerte de un ser querido, desterrará su espíritu y traerá la muerte a otros miembros de la familia.
- Rompa un plato después de que alguien muera para detener el ciclo de la muerte.
- Los espíritus de los muertos suelen volver y vagar por sus casas. Los familiares deben enterrar a sus seres queridos sin zapatos para evitar oír sus pisadas.
- Los adultos deben vestir de negro en los funerales, pero los niños deben vestir de rojo para que no enfermen durante el funeral ni tengan pesadillas después.

Tres en tres

Probablemente, esté familiarizado con esta superstición: los famosos mueren de tres en tres. Por ejemplo, David Bowie, Prince y Alan Rickman murieron en los primeros meses de 2016. Lo mismo ocurrió con Michael Jackson, Farrah Fawcett y Ed McMahon, que murieron en junio de 2009. Hay muchos más ejemplos de tres famosos que murieron con días o semanas de diferencia. Esta superstición tiene su origen en el antiguo folclore inglés, según el cual se produjeron tres funerales en un breve espacio de tiempo.

Trueno

En Inglaterra, y concretamente entre los católicos, se cree que una tormenta eléctrica tras un funeral significa que el difunto ha entrado en el cielo. Sin embargo, si un trueno cae durante un funeral, no es una buena señal, ya que significa que el difunto sufrirá en la otra vida.

Esconder los pulgares

En Japón, siempre hay que esconder el pulgar cuando se camina cerca de un cementerio. En japonés, el pulgar se denomina "dedo de los padres", por lo que, al meterlo, se protege a los seres queridos. Si no lo hace, provocará la muerte de uno de sus padres o de ambos.

Silbidos

Aunque no es apropiado silbar en un cementerio, puede tener consecuencias más graves. En América y Europa se cree que silbar en los cementerios puede invocar a los demonios.

Bostezo

Cubrirse la boca al bostezar es algo más que etiqueta. Este hábito cotidiano tiene su origen en la superstición. En los funerales de la época victoriana, la gente se ponía la mano en la boca al bostezar para evitar que los espíritus entraran en su cuerpo.

A la gente de todo el mundo le fascina la magia del nacimiento y el misterio de la muerte. Esto ha dado lugar a muchas supersticiones relacionadas con ambos. En la antigüedad, la gente no disponía de la tecnología ni de la ciencia que existe hoy en día. Tenían que encontrar sus propias respuestas a algunas de las preguntas más importantes sobre la vida y la muerte. Muchas de estas supersticiones han perdurado y aún hoy son practicadas por muchas personas. Hay una razón por la que la gente todavía sigue estas supersticiones en el mundo moderno. Son inofensivas y pueden traer buena suerte y evitar desgracias. Para proteger al feto y evitar la posesión, más vale prevenir que lamentar.

Capítulo 9: Deseos, suerte y reparación de la mala suerte

En este capítulo se exponen varias actividades supersticiosas para asegurarse de que la suerte siempre le acompañará y sus deseos se harán realidad. Desde llevar amuletos, como una pata de conejo, hasta tocar madera o cruzar los dedos, pasando por soplar la vela de cumpleaños, hay muchas formas de asegurarse de que sus deseos se hagan realidad. El capítulo también enumera varias formas de arreglar la mala suerte si ha tenido la desgracia de invitarla involuntariamente a su vida.

Supersticiones que atraen la suerte

Tocar madera

Este dicho se utiliza en muchas culturas de todo el mundo. Sin embargo, sus orígenes se remontan a los celtas, que creían que los espíritus vivían en los árboles. Según los antiguos celtas, golpear los árboles podía invocar a los buenos espíritus en busca de protección y eliminar a los malos. Como muchos objetos de la casa estaban hechos de madera, la costumbre se trasladó posteriormente a estos objetos.

Las creencias cristianas también están vinculadas al poder de los objetos de madera, como el crucifijo. Esta idea tiene su origen en Gran Bretaña, al igual que la vinculada al juego infantil del siglo XIX "Tocando madera". Este juego es muy similar al moderno juego de la etiqueta, excepto que, en este, los jugadores se etiquetan unos a otros tocando un objeto de madera.

Soplar una pestaña caída

La tradición de soplar sobre una pestaña caída procede de un cuento popular británico del siglo XIX. Una persona se colocaba una pestaña caída en el dorso de la mano y la lanzaba por encima del hombro mientras pedía un deseo. Si la pestaña caía, el deseo se cumplía. Sin embargo, si la pestaña se quedaba pegada a la mano, el deseo no se cumplía.

Según otra versión, la persona debe colocarse la pestaña caída en la punta de su nariz e intentar soplarla. Si lo consigue, su deseo se cumplirá.

También existe la creencia de que soplar una pestaña puede ayudar a protegerse del diablo o de otras influencias malignas. Esta idea procede de una antigua creencia según la cual el diablo, los espíritus malignos y los magos recogen cabellos humanos para obtener poder sobre las personas. Soplarse las pestañas garantiza que el diablo no pueda apoderarse de ellas.

Centavos de la suerte

Según una antigua creencia rumana, encontrar una moneda es señal de buena suerte. Esta idea proviene de una época en la que el metal se consideraba muy valioso, por lo que encontrar una pieza reportaba muchos beneficios a quien la encontraba. Otras versiones asocian el hallazgo de monedas con los dioses, refiriéndose a ellas como regalos y signos de protección. Se decía que la persona que encontraba una moneda era favorecida por los dioses y estaba bajo su protección.

La costumbre se trasladó a las creencias británicas, y más tarde a las estadounidenses, donde los peniques asumieron el papel de monedas que traen suerte. Tenga cuidado cuando encuentre una moneda de la suerte. Un centavo solo traerá suerte si lo encuentras boca arriba. Si lo encuentra con la cruz hacia arriba, dele la vuelta en lugar de recogerlo y dejarlo para que lo encuentre la siguiente persona. De lo contrario, le traerá mala suerte.

Romper el hueso de la horquilla

En la Antigua Roma, la horquilla se consideraba un símbolo de suerte. Al principio, se consideraba afortunado descubrir la horquilla durante un banquete. Romper la horquilla se convirtió en una tradición de la suerte solo después de que alguien la rompiera accidentalmente mientras comía pollo. Al romper el hueso de la horquilla, la persona deseó algo por casualidad, y su deseo se hizo realidad. Hoy en día, si se quiere hacer realidad un deseo, se rompe el hueso de la horquilla con otra persona. Cuando el hueso se parta en dos entre sus manos, a la persona que le toque el trozo de hueso más largo se le concederán sus deseos. Si ambas partes tienen la misma longitud, los deseos de ambas personas se cumplirán.

Cruzar los dedos

La superstición de cruzar los dedos para tener buena suerte procede de creencias paganas comunes en la Europa Occidental precristiana. Inicialmente, la práctica implicaba a dos personas. Una persona hacía una cruz con su propio dedo índice y el dedo índice de otra persona. Se creía que así se combinaban sus energías espirituales para ahuyentar a los espíritus malignos, conseguir que se cumplieran sus deseos o sellar un pacto entre ambos.

Más tarde, la gente se dio cuenta de que podía atraer la buena suerte cruzando los dedos índice y medio de sus propias manos. Así nació la costumbre de cruzar los dedos corazón e índice en una sola mano, que es como se practica hoy en día.

Soplar la vela de cumpleaños

Soplar velas está relacionado con una antigua superstición[19]

Esta costumbre está relacionada con una antigua superstición según la cual las llamas transmiten mensajes espirituales. En el folclore y las prácticas mágicas europeas, soplar una vela permitía a la persona comunicarse con guías espirituales. Según esta creencia, si la llama de la vela se apaga al primer intento, el mensaje del practicante ha sido entregado. Del mismo modo, si sopla las velas de su cumpleaños de un tirón mientras pide un deseo en silencio, su deseo se hará realidad. Sin embargo, no se cumplirá si se tarda varios intentos en soplar las velas o si se dice el deseo en voz alta.

Guardar los pulgares en un cementerio

En Japón existe la antigua costumbre de meter los pulgares cuando se visita la tumba de los seres queridos. Esta práctica está relacionada con la palabra japonesa para "pulgar", que también se traduce como "dedo de los padres". El dedo representa a un padre o familiar al que hay que proteger de la muerte. Puede mantener a sus padres o familiares a salvo de los malos espíritus, ocultando los pulgares cuando esté en un cementerio.

Picazón en las palmas

En algunas partes de Europa y el Caribe, el picor en la palma de la mano derecha puede indicar que va a recibir dinero. Por el contrario, si le pica la palma izquierda, es señal de que se quedará sin dinero. Estas creencias se derivan de la idea de que la mano derecha de una persona contiene energía activa, que atrae el dinero y la buena suerte. Mientras que se dice que la mano izquierda porta energía pasiva, que aleja el dinero y la buena suerte. En algunas culturas, los papeles de las manos se invierten.

Arrojar platos rotos en Nochevieja

En Dinamarca, la gente suele guardar los platos que ha roto a lo largo del año para arrojarlos a la puerta de la casa de alguien en Nochevieja. Suelen llevar los platos a las casas de familiares y amigos y arrojarlos contra sus hogares, deseando buena suerte a los destinatarios en el año venidero.

En una versión más moderada de esta práctica, los niños alemanes dejan una pila de platos rotos en las puertas de sus familiares, amigos y vecinos. De este modo, pueden transmitir sus buenos deseos sin causar daños a los hogares.

Barrer la suciedad de la puerta de entrada

Según una antigua creencia china, la buena suerte y los espíritus benévolos entrarán en su casa por la puerta principal. Para asegurarse de que sus hogares serán bendecidos con buena suerte en el año venidero, los chinos barren sus casas apartando la suciedad de la puerta principal. Barrer el polvo lejos de la entrada también garantiza que nada de la buena suerte que ya está dentro de la casa se escape al limpiarla. Si los escombros recogidos se sacan de la casa, se hace por la puerta trasera.

También evitan limpiar los dos primeros días del Año Nuevo para impedir que se escape la buena suerte.

Excrementos de aves

Por extraño que parezca, en Rusia los excrementos de pájaro son signo de buena fortuna. Recibirá dinero si los excrementos de pájaro caen sobre usted, su vehículo o su casa. Y si varios pájaros dejan sus excrementos en su propiedad, probablemente obtendrá una importante cantidad de dinero. Puede que reciba una herencia considerable o que le toque la lotería.

Derramar agua detrás de alguien

Según el folclore serbio, derramar agua a espaldas de una persona es una forma segura de bendecirla con buena suerte. Se cree que la fluidez del agua en movimiento concede buena suerte a la persona detrás de la cual cae cuando se derrama. Los serbios derraman agua detrás de amigos y familiares que se enfrentan a tareas difíciles, como hacer un examen, viajar lejos, acudir a una entrevista de trabajo, etc.

Comer legumbres en año nuevo

En Argentina, la gente busca atraer la suerte a su vida durante el año que comienza comiendo alubias en Nochevieja. Algunos argentinos prefieren comer alubias el día de año nuevo para asegurarse la buena suerte, y también se dice que ayuda a conservar el trabajo. En Hungría se comen lentejas el día de año nuevo con fines similares. Según los húngaros, las lentejas atraen la riqueza; cuanto más se coma el primer día del año, más dinero se tendrá a lo largo del mismo.

Romper botellas accidentalmente

En Japón, romper accidentalmente una botella de alcohol es señal de buena suerte. Si de repente se tira una botella del mostrador en un bar de Japón, la gente que le rodea aplaudirá porque cree que ha invitado a la buena fortuna al local. En cambio, romper una botella a propósito tiene el efecto contrario.

Plantar un árbol

En Suiza y algunas zonas de los Países Bajos, los recién casados suelen plantar un pino en el exterior de su casa para atraer la buena suerte a su nueva vida en común. También se cree que plantar árboles después de una boda concede fertilidad. Otros utilizan árboles o símbolos arbóreos en su ceremonia nupcial, buscando bendecir su unión y tener buena suerte y fortuna a lo largo de su matrimonio.

Arreglar la mala suerte

Uso de la sal

Se cree que la sal trae buena suerte[18]

En muchas culturas se cree que utilizar sal trae buena suerte. Curiosamente, esta creencia tiene su origen en la misma fuente que dice que derramar sal es un mal presagio. Se dice que arrojar sal por encima del hombro izquierdo trae buena suerte porque ahuyenta al diablo que se sitúa en ese lado. Aunque es más eficaz después de derramar sal, arrojar sal también puede anular la fortuna en otras circunstancias. Sin embargo, arrojar sal sobre el hombro derecho atrae más mala suerte, algo que no se desea.

Como alternativa, puede esparcir sal en las esquinas de su casa (o en el marco de la ventana) para alejar la mala suerte. También puede limpiarse de energías negativas dándose un baño de agua salada.

La entrega de un espejo roto

Si ha roto un espejo y le preocupa la mala suerte, tenga cuidado al manipular las piezas, ya que esto afectará a su destino. Por ejemplo, tirar los trozos sella la maldición "siete años de mala suerte". En su lugar, tome los fragmentos y guárdelos hasta la próxima luna llena. Cuando llegue, utilice un trozo del espejo roto para reflejar la luna y mírese en el reflejo. En muchas culturas y prácticas mágicas, se cree que la luna puede anular las malas energías. Mirándola fijamente a través del espejo, puede reflexionar sobre las cosas positivas de su vida. Cuando haya terminado, entierre los trozos de espejo.

Uso de incienso o hierbas

En la antigua tradición herbolaria, se decía que quemar hierbas ahuyentaba las influencias negativas responsables de la mala suerte. En la actualidad, se pueden conseguir los mismos efectos con el incienso, sobre todo si se utiliza una hierba de olor intenso, como el jazmín o el sándalo. Si la mala suerte afecta su vida personal, queme incienso en casa llevándolo de una habitación a otra.

O, si decide seguir el camino tradicional, siempre puede quemar salvia. Esta hierba tiene los efectos purificadores más potentes y está garantizado que le ayudará a cambiar sus energías y su suerte. La quema de salvia también se conoce como "difuminado", pero también puede utilizar otras hierbas. Cuando las queme, abra las ventanas y las puertas para que la energía negativa pueda salir y sea sustituida por una fuerza positiva y atraiga mucha buena suerte.

Llevar amuletos protectores

Los amuletos protectores son herramientas fantásticas para alejar la mala suerte. Puede llevarlos consigo en su vida diaria y siempre le protegerán de las influencias negativas. Incluso si ya le afecta la mala suerte, llevar un pequeño amuleto en una cadena o pulsera o llevarlo en el bolsillo puede eliminar sus efectos. Estos son algunos de los amuletos protectores más utilizados en distintas culturas:

- **Trébol de cuatro hojas:** Llevar un amuleto con esta forma es una manera estupenda de atraer la buena suerte. Según la sabiduría popular, cada hoja representa un aspecto afortunado de la vida, que atrae el amor, la riqueza, la salud y la fama.

- **Llaves:** Los amuletos en forma de llave se han utilizado desde la antigüedad para atraer la buena suerte. Para aumentar las posibilidades de sustituir la mala suerte por la buena, lo mejor es llevar tres llaves, que abrirán las tres puertas de la riqueza, el amor y la salud.

- **Herradura:** Según varios sistemas de creencias antiguos, los amuletos de herradura pueden alejar el "mal de ojo". Llévelo en una cadena con los extremos apuntando hacia arriba. De lo contrario, la buena suerte se alejará de usted.

- **Pata de conejo:** También se cree que la pata trasera izquierda de un conejo invita a la buena fortuna y la riqueza. Otros sugieren que también puede protegerle de la mala suerte. También puede llevarla en el llavero; solo tendrá que acordarse de frotar el amuleto con regularidad para activar sus poderes de atraer la buena suerte.
- **Cristales y piedras:** Sus propiedades mágicas se utilizan en diferentes prácticas. Los cristales y las piedras pueden proporcionar protección y curación y atraer energías positivas. Se cree que tienen sus propios poderes, que pueden amplificar los que están dentro y cerca de su cuerpo. Puede llevarlos como amuletos o utilizarlos como adornos en casa o en su lugar de trabajo. Algunos de los cristales más recomendados para alejar la mala suerte son la turmalina negra, la labradorita y la amatista. El cuarzo rosa puede ayudarle a sustituir las influencias negativas por energías positivas y buena suerte.

Comprometerse con la caridad

En muchas culturas, se cree que la forma más fácil de atraer la buena suerte a su vida es realizando buenas acciones. Según el budismo y otras religiones asiáticas, se puede compensar cualquier acción negativa que se haya realizado con obras de caridad. Esto está relacionado con el concepto de karma, término que estas religiones utilizan para referirse a la suerte. No importa si usted dona a obras de caridad o ayuda a los necesitados de su entorno. Lo que importa es hacerlo de forma altruista y no solo para ganar buen karma. Por no hablar de que dedicarse a la caridad puede ayudarle a situar las cosas en una perspectiva diferente. Lo que a usted le parece mala suerte puede convertirse en un asunto menor si se compara con las desgracias a las que se enfrentan otras personas en su día a día.

Desbloquear los chakras

En muchas culturas asiáticas, el sistema de chakras está relacionado no solo con la salud, sino también con la suerte. Al limpiarlos, puede eliminar el bloqueo que impide el flujo de energía positiva dentro de su cuerpo. Puede purificar sus chakras con flores de colores cargadas con la energía positiva del sol. Puede colocar las flores en la mesa o utilizarlas en el agua del baño para que absorban la mala energía de su cuerpo. Tirar la flor después ayuda a eliminar simbólicamente estas influencias.

Fomentar el crecimiento espiritual

Si usted es un buscador espiritual, también puede convertir la mala suerte en buena promoviendo su propio crecimiento espiritual. Para ello, debe alcanzar un nivel de espiritualidad que le permita atraer la buena suerte a su vida. En muchas religiones, la gente reza a deidades, animales espirituales o espíritus ancestrales para mejorar su vida. Mientras que, en otros sistemas de creencias, adquirir conciencia de uno mismo es habitual como parte de un proceso de iluminación espiritual.

Si usted no está interesado en las prácticas espirituales, puede utilizar ejercicios de autorreflexión y técnicas de atención plena para aprender qué pasos dar para mejorar su suerte. Las afirmaciones positivas y los mantras también pueden ayudarle a atraer la buena suerte y ahuyentar la mala. Cuanto más los repita, más probabilidades tendrá de repeler las influencias negativas.

Limpiar o despejar su casa

Despejar o limpiar su casa puede ayudarle a eliminar las energías negativas que impiden el flujo de la buena fortuna. Es una práctica sencilla que puede darle el poder de hacer el cambio que necesita para arreglar su mala suerte.

Hay varias creencias ligadas a la superstición. Una de las más famosas procede de Sudamérica, donde la gente tiene una forma específica de limpiar sus casas. Las jóvenes deben aprender a limpiar bien sus casas. De lo contrario, no encontrarán marido o tendrán mala suerte, aunque se casen. Para evitarlo, se les anima a barrer cuando no haya nadie, así evitan pasar por encima de los pies de alguien con la escoba, que es un mal presagio. Si le barren los pies, debe escupir sobre la escoba para evitar la desgracia.

En otras culturas, se cree que los muebles de una casa o un lugar de trabajo deben estar dispuestos de una determinada manera para favorecer el flujo de energía positiva. Para que esta energía le traiga más suerte, elimine todo lo que se interponga en su camino, incluidos los objetos en desuso, las telarañas y cualquier otra cosa que cree desorden.

Algunos creen también que el sol trae energía positiva y buena suerte. Esta idea está asociada a antiguas creencias en torno a deidades solares que traían nueva vida y fortuna a la gente al revivir la naturaleza durante la primavera. Incluso abrir la ventana y dejar que la luz del sol rodee su casa puede ayudar a mejorar su suerte y fortuna.

Alternativamente, puede introducir luz brillante en su espacio encendiendo grandes velas o teniendo una chimenea de leña. Cuanto mayor sea el área iluminada por las fuentes de luz, menos espacio habrá para que se esconda la mala suerte.

Cambie de aires

Se supone que viajar a otro país ayuda a disipar la mala suerte en muchas culturas. En la antigüedad, la gente solía notar que su mala suerte dejaba de perseguirles cuando se trasladaban a otro lugar. O, incluso si regresaban, las energías negativas se habían dispersado y su fortuna mejoraba.

Hoy en día, se dice que para librarse de la mala suerte hay que cruzar un océano o viajar a un país con zonas horarias diferentes. Sin embargo, no es necesario ir tan lejos. A veces, incluso dejar la casa y el lugar de trabajo durante un par de días para hacer un viaje durante un fin de semana largo puede servir. A veces lo único que hace falta es tomarse un tiempo para comprender qué es lo que necesita para cambiar su suerte.

Evitar las situaciones que atraen la mala suerte

Tanto si sigue defendiéndose de la mala suerte como si no quiere atraerla, intente evitar comportamientos y circunstancias que puedan atraer la desgracia a su vida. Intente comportarse de un modo que le ayude a evitar la mala suerte. Por ejemplo, puede tener mucho cuidado de no romper espejos, pasar por debajo de escaleras, poner los zapatos encima de la mesa, "gafarse", pisar una grieta en la acera o abrir el paraguas dentro de casa. O, dicho de otro modo, debe evitar invitar a otros malos augurios mencionados en los capítulos anteriores.

También es buena idea familiarizarse con algunas de las supersticiones menos conocidas (como tomar un centavo con el lado equivocado hacia arriba) y otras creencias con las que quizá no esté familiarizado.

Reconocer los signos de la buena suerte

En muchas culturas, se cree que una pequeña cantidad de buena suerte atrae más fortuna. Así que, una vez que vea las señales de que su suerte está pasando de mala a buena, intente llevar a cabo acciones que le ayuden a mantener el flujo positivo. Manténgase alerta para reconocer las señales y actuar a tiempo.

Glosario de supersticiones, signos y presagios

1. **Bellota**

   Se cree que llevar una bellota en el bolsillo trae buena suerte y protege contra las enfermedades. Algunas personas también creen que colocar una bellota en el marco de una ventana puede evitar la caída de rayos.

2. **Manzana**

   Si corta una manzana por la mitad y cuenta el número de semillas que hay en su interior, sabrá cuántos hijos tendrá. Las manzanas también se utilizan a veces en adivinación, ya que la forma en que cae el corazón de la manzana después de cortarla puede revelar información sobre el futuro.

3. **Murciélago**

   Los murciélagos se consideran una señal de muerte inminente y se asocian con vampiros y otros seres sobrenaturales. En algunas tradiciones, se cree que, si un murciélago entra en casa, es señal de que alguien va a morir.

4. **Gato negro**

   Se considera que los gatos negros traen mala suerte, y la gente cree que pueden causar enfermedades o desgracias. Algunos creen que, si un gato negro se cruza en su camino, es señal de que debe dar marcha atrás o cambiar de planes.

5. Azulejo

Se dice que ver un azulejo es señal de buena suerte y felicidad. Algunas personas también creen que, si un azulejo vuela hasta su casa, es señal de buena suerte y de que pronto recibirá buenas noticias.

6. Luna azul

La luna azul es la segunda luna llena de un mes del calendario y solo ocurre una vez cada pocos años. Algunas personas creen que la luna azul es un momento poderoso para la magia y la manifestación, y que es más probable que los deseos que se pidan bajo una luna azul se hagan realidad.

7. Espejo roto

Se dice que, si rompe un espejo, tendrá siete años de mala suerte, y algunas personas creen que también puede liberar espíritus malignos en el mundo. Para alejar la mala suerte después de romper un espejo, se sugiere enterrar los trozos rotos en la tierra.

8. Flores de cerezo

Las flores de cerezo se asocian a menudo con la belleza y la fugacidad, y a veces se consideran un símbolo de la naturaleza efímera de la vida. Algunas culturas creen que ver un cerezo en flor en sueños es señal de buena suerte y amor.

9. Monedas chinas

En el feng shui, las monedas chinas se utilizan a menudo como símbolo de riqueza y prosperidad. Se cree que llevar monedas chinas en la cartera o en el monedero puede atraer la abundancia económica y la buena fortuna. También se aconseja colgar monedas chinas en el pomo de la puerta de casa o de la oficina para atraer la prosperidad a su vida.

10. Deshollinador

En algunas tradiciones, encontrarse con un deshollinador se considera un signo de buena suerte. Se dice que estrechar la mano de un deshollinador o tocarle el hombro trae buena suerte y aleja la mala suerte.

11. Relojes

En algunas culturas, regalar un reloj se considera mala suerte, ya que se cree que simboliza el paso del tiempo y la proximidad de la muerte. También hay quien cree que parar un reloj puede traer mala suerte.

12. Trébol

El trébol de cuatro hojas suele considerarse un símbolo de buena suerte y a veces se asocia con el Día de San Patricio. Encontrar un trébol de cuatro hojas puede traer buena suerte, y llevarlo en el bolsillo puede atraer la riqueza y el éxito.

13. Cuchillos cruzados

En algunas tradiciones, cruzar dos cuchillos se considera mala suerte, ya que se cree que representa un posible conflicto o discusión. También se dice que, si se cruzan accidentalmente los propios cuchillos al poner la mesa, hay que descruzarlos rápidamente y pedir un deseo para evitar la mala suerte.

14. Piernas cruzadas

Cruzar las piernas se considera a veces un signo de mala suerte o falta de respeto, sobre todo en determinadas culturas. En algunas tradiciones, se cree que cruzar las piernas al sentarse en una iglesia o un templo trae mala suerte y es una falta de respeto a los dioses.

15. Cuervos en una valla

En algunas culturas, ver tres cuervos sentados juntos en una valla es señal de muerte inminente o desastre. Esta superstición se conoce a veces como "tres en una cerilla" y se cree que tiene su origen en la creencia de que encender tres cigarrillos con la misma cerilla traía mala suerte a los soldados en tiempos de guerra.

16. Diente de león

En algunas culturas, se cree que soplar un diente de león hace realidad un deseo. También se dice que, si puede soplar todas las semillas de diente de león de un soplido, su deseo se cumplirá.

17. Huevo de doble yema

Encontrar un huevo de doble yema se considera un signo de buena suerte y prosperidad. A veces también se considera un signo de fertilidad y puede ser un buen augurio para quienes intentan concebir.

18. Atrapasueños

Los atrapasueños suelen utilizarse como talismán protector para ahuyentar los malos sueños y las pesadillas. El atrapasueños captura los malos sueños en su red y permite que los buenos sueños pasen a través de él y lleguen al durmiente.

19. Eclipse

A lo largo de la historia, los eclipses se han considerado presagios de cambio y transformación. Algunas culturas creen que la aparición de un eclipse solar o lunar es una señal de desastre o guerra inminentes, mientras que otras lo consideran un símbolo de buena suerte y renovación.

20. Viernes 13

El viernes 13 suele considerarse un día de mala suerte en las culturas occidentales. Algunos creen que esta superstición se remonta a la última cena, en la que estuvieron presentes 13 personas, incluidos Jesús y Judas. Otros creen que está relacionada con la detención y crucifixión de los templarios el viernes 13 de 1307.

21. Pez dorado

Los peces dorados se asocian a menudo con la buena suerte y la prosperidad. Algunas culturas creen que tener peces de colores en casa puede traer buena suerte y energía positiva.

22. Saltamontes

En algunas tradiciones, los saltamontes se consideran símbolos de buena suerte y abundancia. Se dice que, si un saltamontes se posa sobre uno, es señal de buena suerte y éxito.

23. Jamsa

El Jamsa es un símbolo de protección y buena suerte en muchas culturas. A menudo se utiliza como talismán para alejar el mal de ojo y la energía negativa. El Jamsa es un símbolo en forma de mano, con un ojo en el centro, que suele llevarse como joya o colgado en casa.

24. Herradura

Las herraduras se utilizan a menudo como símbolos de buena suerte y protección. Se cree que, si se cuelga una herradura sobre una puerta con los extremos hacia arriba, atraerá y mantendrá la buena suerte. En cambio, si se cuelga con los extremos hacia abajo, se dice que la suerte se caerá.

25. Tocando madera

Tocar madera es un acto supersticioso que se cree que aleja la mala suerte o los maleficios. Suele hacerse tras una declaración de buena suerte o éxito para evitar que ocurra algo negativo.

26. Escalera

En muchas culturas europeas, pasar por debajo de una escalera se considera mala suerte. Se dice que trae mala suerte y debe evitarse siempre que sea posible.

27. Mariquita

Las mariquitas suelen considerarse símbolos de buena suerte y protección. Se cree que, si una mariquita se posa sobre usted, le traerá buena suerte y felicidad. Las mariquitas también se utilizan como control natural de plagas, ya que se comen a los pulgones y otros insectos dañinos.

28. Duende

En el folclore irlandés, los duendes son hadas traviesas conocidas por su naturaleza escurridiza y su capacidad para conceder deseos. A menudo se les asocia con la buena suerte y se dice que tienen una olla de oro al final del arco iris.

29. Rayo

Los rayos se asocian a menudo con el peligro y la destrucción. En muchas culturas, se cree que es un signo de la ira divina o una advertencia de un desastre inminente.

30. Urraca

Las urracas suelen considerarse símbolos de buena suerte y protección, sobre todo en el folclore británico e irlandés. Si ve una urraca, salúdela y dígale "buenos días, Sr. Urraca" para ahuyentar la mala suerte.

31. Mirarse en un espejo

Se cree que mirarse en un espejo durante un periodo prolongado trae mala suerte o incluso invoca a los espíritus en varios sistemas de creencias. También se cree que romper un espejo puede traer siete años de mala suerte.

32. Luna nueva

La luna nueva se asocia a menudo con nuevos comienzos. En algunas culturas, se cree que pedir un deseo en luna nueva hará que se cumpla.

33. Centavos

Los centavos se asocian a menudo con la buena suerte y la prosperidad. En algunas culturas, se cree que encontrar un centavo en el suelo es un signo de buena suerte y debe ser recogido y guardado para la buena fortuna.

34. Pata de conejo

En muchas culturas, la pata de conejo se considera un amuleto de la buena suerte. Se cree que llevar una pata de conejo trae buena fortuna y protege contra la mala suerte.

35. Cardenal rojo

Se cree que un cardenal rojo es un mensajero de un ser querido que ha fallecido y se considera un signo de buena suerte y un presagio de cosas positivas por venir.

36. Hilo rojo

En algunas culturas orientales, al cordón rojo se le atribuyen propiedades protectoras. Suele llevarse como pulsera o collar para ahuyentar a los malos espíritus y atraer la buena suerte.

37. Estrella fugaz

Muchas culturas creen que pedir un deseo a una estrella fugaz hará que se haga realidad. Las estrellas fugaces se consideran mágicas y raras, y a menudo se asocian con la buena suerte y los cambios positivos.

38. Plata

La plata se asocia con la pureza y se le atribuyen propiedades protectoras. En muchas culturas, se cree que llevar joyas u objetos de plata aleja a los malos espíritus y trae buena suerte.

39. Trece

En muchas culturas, el número trece no se considera de buena suerte. Se cree que trae mala suerte, especialmente el viernes 13, que se considera un día de mala suerte en las culturas occidentales.

40. Trueno

Se cree que los truenos son una señal de ira de los dioses o los espíritus. A menudo se considera un presagio de mala suerte, y algunos creen que es una advertencia de peligro inminente.

41. Sapo

En algunas culturas, los sapos se asocian con la brujería y la magia. A menudo se dice que tocar un sapo puede traer buena suerte o conceder deseos.

42. Paraguas

En muchas culturas, se cree que abrir un paraguas dentro de casa trae mala suerte. También se dice que dejar un paraguas abierto trae mala suerte a toda la casa.

43. Buitre

Los buitres se consideran símbolos de la muerte y la decadencia. Ver un buitre suele considerarse un mal presagio y una señal de peligro o desgracia inminentes.

44. Mariposa blanca

Se cree que ver una mariposa blanca trae buena suerte y se considera un presagio positivo. Se dice que, si una mariposa blanca se posa sobre uno, es señal de buena suerte y prosperidad. Y si una mariposa blanca entra en su hogar, es señal de que alguien que ha fallecido vela por usted.

45. Hueso de horquilla

Se cree que, si dos personas tiran del hueso de horquilla de un pavo o un pollo y este se rompe por igual, a ambas se les cumplirán sus deseos. Se cree que la persona que consiga el trozo más grande del hueso de la suerte tendrá buena suerte y sus deseos se cumplirán.

Este capítulo ofrece una guía rápida y útil de las muchas supersticiones comunes en las que la gente sigue creyendo hoy en día. Al comprender los orígenes y significados de estas supersticiones, nos hacemos una idea de los factores culturales y psicológicos que siguen influyendo en nuestras creencias y comportamientos. Aunque es importante reconocer la importancia de las supersticiones en la formación de nuestra visión del mundo, también es importante abordarlas con ojo crítico. Al separar los hechos de la ficción y confiar en conocimientos basados en pruebas, se puede evitar caer presa de supersticiones que pueden llevarnos por caminos perjudiciales.

Conclusión

Este libro ha sido un viaje fascinante y sugerente en el que se explora cómo las supersticiones han dado forma a nuestro mundo y siguen influyendo en nuestra vida cotidiana. Desde las supersticiones comunes que todos sabemos hasta las creencias menos conocidas que aún prevalecen en ciertas culturas, este libro es una mirada detallada a la historia y la psicología que hay detrás de estos fascinantes fenómenos. A lo largo de sus páginas, ha explorado las muchas razones por las que la gente cree en supersticiones, desde la necesidad de control hasta el deseo de consuelo y protección. Ahora también sabrá cómo han influido las supersticiones en todos los ámbitos, desde la religión y la cultura hasta la ciencia y la medicina.

Cuando reflexione sobre lo que ha aprendido, recuerde que las supersticiones pueden tener efectos tanto positivos como negativos. Aunque pueden ofrecer consuelo y una sensación de seguridad, también pueden conducir a pensamientos irracionales y comportamientos perjudiciales. Depende de nosotros, como individuos, abordarlas de forma crítica y cuestionar la validez de nuestras creencias. Al final, el poder de las supersticiones reside en nuestra capacidad para controlar nuestros propios pensamientos y acciones. Si comprendemos la psicología que subyace a las supersticiones, aprenderemos a reconocerlas y cuestionarlas cuando sea necesario, y a aceptarlas cuando sirvan a un propósito positivo en nuestras vidas.

Las supersticiones evolucionan y cambian constantemente con el paso del tiempo. Aunque algunas hayan sido populares en el pasado, es posible que ya no lo sean tanto en la actualidad. Del mismo modo, surgen nuevas supersticiones debido a la evolución de los contextos sociales y culturales. Abrazar la diversidad de supersticiones puede ser una forma creativa y divertida de explorar diferentes culturas y perspectivas. Conocer las supersticiones de otras culturas y comunidades le permitirá comprender mejor su visión del mundo y sus valores, e incluso incorporar algunas de estas creencias a su propia vida. Ya sea llevando un amuleto de la suerte, evitando ciertos colores o números, o realizando un ritual específico, explorar las supersticiones puede añadir diversión y curiosidad a su vida cotidiana.

"La superstición es tonta, infantil, primitiva e irracional, pero ¿cuánto cuesta tocar madera?" - Judith Viorst

Esta divertida cita de Judith Viorst pone de relieve las contradicciones y complejidades de las supersticiones. Aunque a veces parezcan ilógicas o incluso tontas, muchos de nosotros las seguimos practicando para protegernos de los males o atraer la buena suerte. Así que, al cerrar el libro de las supersticiones, mantenga una perspectiva equilibrada y curiosa. Es importante acercarse a las supersticiones con una buena dosis de escepticismo, reconocer su significado emocional y cultural para la gente y ser siempre sensato.

Segunda Parte: Hécate

La guía definitiva para entender a la diosa de la brujería y la antigua magia griega

Introducción

Tanto si le interesa el mundo de la brujería como si disfruta explorando las leyendas, mitologías e historias de la antigua Grecia, es probable que haya oído hablar de la diosa Hécate. Ha sido una figura prominente en la brujería durante siglos debido a su asociación con el inframundo, las encrucijadas y la triple luna. Sus historias la presentan como protectora y guía, y a menudo la representan haciendo magia y lanzando hechizos. Se creía que Hécate, la guardiana del inframundo, practicaba la magia y realizaba rituales para guiar y proteger a los que viajaban por su territorio.

Hécate también enseñó a las diosas Medea y Circe valiosas técnicas de adivinación, como la práctica de la magia con hierbas. Por eso se le considera un símbolo de guía entre los practicantes de la magia. Los wiccanos tienen a Hécate en la más alta estima, ya que la veneran como la deidad de la magia, la oscuridad y la luna.

Este libro es la guía definitiva de todo lo que hay que saber sobre Hécate como diosa de la brujería y la antigua magia griega. Profundiza en sus atributos, mitos, poderes y arquetipos, y proporciona información sobre cómo trabajar de forma segura con ella espiritual y ritualmente. A pesar de que el libro contiene descripciones exhaustivas e históricas de la diosa, es muy fácil de entender y seguir. Esta guía es adecuada tanto para los recién llegados al mundo de la brujería y la antigua Grecia como para los lectores más experimentados.

Al leer este libro, comprenderá quién es realmente Hécate, una deidad polifacética que significa cosas diferentes para personas diferentes, y descubrirá cómo se le considera en el mundo moderno. El libro también explora el término "bruja de Hécate" y le ayuda a determinar hasta qué punto se siente atraída por la deidad y cuál es la mejor manera de llevar a cabo su práctica. Aprenderá sobre los diversos signos, herramientas y símbolos asociados a la diosa y conocerá los orígenes de la "rueda de Hécate" o el strophalos. A continuación, encontrará un ejercicio práctico que le animará a recurrir a sus capacidades intuitivas para crear un símbolo único de Hécate.

Debería estar preparado para iniciar una conexión con Hécate después de leer los primeros capítulos, por lo que el capítulo 4 sirve de guía paso a paso sobre cómo establecer contacto con la diosa. Encontrará instrucciones y consejos para realizar ciertas meditaciones y visualizaciones que le ayudarán a acceder a su intuición y a un estado superior de conciencia. El capítulo siguiente se adentra en el herbolario de Hécate y profundiza en las hierbas más comúnmente asociadas con la deidad.

Este libro también proporciona instrucciones para crear su propio altar y adaptarlo para atraer a Hécate. Encontrará recomendaciones sobre qué herramientas incorporar a su santuario, orientación sobre cómo consagrarlas y bendecirlas, e ideas sobre cómo utilizarlas para fortalecer su conexión con la diosa. Entenderá cómo hacer ofrendas apropiadas y llevar a cabo diversos rituales prácticos. También conocerá los hechizos que puede utilizar para rezar a Hécate y todo lo relacionado con ella. Por último, descubrirá cómo incorporar la magia de Hécate a las prácticas adivinatorias.

Capítulo 1: ¿Quién es realmente Hécate?

Hekate o Hécate es una deidad polifacética que significa cosas diferentes para cada persona. En la antigüedad, se la consideraba una diosa de tres formas (trimorphos), portadora de llaves (kleidouchos) y portadora de luz y antorchas (phosphoros) que reside en los caminos y encrucijadas (einodia). Se la asocia con las puertas de entrada, la noche, la luz, los ritos liminales y las transiciones.

Hekate, o Hécate, es una deidad multifacética de la mitología griega [14]

Hécate es una de las deidades más importantes de la mitología griega. Se la representa como "soteira" o salvadora de almas porque salvó a Perséfone, la diosa de la primavera y de los muertos, después de que Hades (dios del inframundo) la secuestrara. Según los *oráculos caldeos*, Hécate es también un alma del mundo. A lo largo de la historia, su papel ha cambiado, los medievalistas y sus adoradores la limitaban a diosa de las brujas y la hechicería.

Hoy en día, muchas mujeres la idolatran y la consideran un icono feminista. Sin embargo, a menudo se la representa como una diosa oscura o una entidad a la que se puede invocar en busca de favores o venganza. Esta es una representación injusta de lo que realmente representa esta poderosa diosa. No se la puede clasificar en una sola categoría, ya que su personalidad tiene muchos aspectos diferentes, que descubrirá a medida que aprenda más sobre ella.

Entonces, ¿quién es realmente Hécate? ¿Es buena o mala? ¿Es una salvadora o una diosa oscura? Este capítulo desvelará el misterio de Hécate y le mostrará su verdadera identidad.

El nombre y los títulos de Hécate

En la transliteración griega, Hécate se escribe Hekate, derivado del nombre masculino Hekatos, un término utilizado para describir al dios del sol Apolo, que significa "el que trabaja desde lejos". Sin embargo, nadie conoce el verdadero origen de su nombre. De hecho, algunos estudiosos sostienen que tener un nombre griego no significa que proceda de la antigua Grecia, ya que algunos remontan sus raíces a Caria, en Asia Menor, situada en la actual Turquía.

En la antigua Roma, Hécate se llamaba Trivia, que significa "la del triple camino", en representación de su dominio sobre las encrucijadas.

También se le atribuyen muchos títulos.

- **Nyktypolos:** Significa "la que vaga de noche", asociado a su papel como diosa de la brujería y la magia.
- **Chthoniē:** Significa "ctónica", lo que simboliza su papel como diosa del inframundo.
- **Skylakagetis:** Significa "líder de los perros", lo que también se asocia a su papel como diosa de la brujería.
- **Trioditis:** Significa "la del camino triple", lo que representa su papel como diosa del inframundo.

- **Sōteira:** Significa "salvadora", mostrando cómo ayuda a la gente necesitada.
- **Otros títulos que reflejan su naturaleza bondadosa son:** "Kourotrophos", que significa "nodriza de los jóvenes", y "atalos", que significa tierno

La representación de Hécate

En las primeras representaciones de Hécate, se la representaba como a cualquier otra diosa de la época, sentada y con un atuendo modesto. Más tarde, se le representó en varias esculturas como una figura femenina con tres cuerpos y tres cabezas para significar su papel como guardiana de las encrucijadas, con cada uno de sus lados custodiando uno de los caminos.

La familia de Hécate

Hécate es hija de Asteria, la diosa titán de las adivinaciones nocturnas y las estrellas fugaces; Perses, el dios titán de la destrucción; la nieta de Coeus, el titán de la inteligencia; y Febe, el titán del intelecto brillante y la luna. Sin embargo, el autor griego Eurípides creía que su madre era Leto, la diosa de la maternidad. En otras leyendas, se la representa como hija de Zeus, la deidad principal y dios del cielo, Deméter, la diosa de la cosecha, o Zeus y Nyx, la diosa de la noche. Otros consideraban a Hera, la diosa de las mujeres, como su madre. Sin embargo, se cree que Hesíodo retrató la versión más exacta de su herencia en su poema que describe a Asteria y Perses como sus padres.

Su vínculo más estrecho es con Deméter, a quien algunos comparan con Hécate. Este estrecho vínculo se debe a la estrecha relación que ambas diosas entablaron cuando Hécate ayudó a Deméter a encontrar a su hija.

Aunque a menudo se la representa como una virgen, como Artemisa y Atenea, algunas leyendas afirman que es la madre de la bruja Medea, el monstruo Escila y otras criaturas míticas.

Hécate a lo largo de la historia

Anatolia (la actual Turquía) estaba estrechamente conectada con Grecia, y ambos países experimentaron un intercambio cultural a través de la migración, la colonización y el comercio. También tomaron prestadas leyendas y divinidades. Se cree que Hécate era originaria de Caria, en

Anatolia, y que los antiguos griegos la tomaron prestada y la incorporaron a su panteón de dioses. Hécate tenía muchos seguidores en Caria y era la deidad principal de algunas ciudades.

Los griegos adoptaron a Hécate en su mitología durante el periodo arcaico, donde sufrió múltiples transformaciones. Homero no conocía a Hécate, por lo que no apareció en la mitología griega hasta que el poeta griego Hesíodo la mencionó por primera vez en su poema Teogonía. Hesíodo no la describe como la diosa del inframundo ni de la magia. Sin embargo, la mostró como muy respetada en el panteón de los dioses, donde Zeus la honraba y la tenía en muy alta estima. En su poema, Hécate era la diosa del cielo, el mar y la tierra, sin ninguna relación con la muerte o el inframundo. Era una diosa que ayudaba a ricos y pobres, débiles y fuertes.

En el siglo V, la representación de Hécate distaba mucho de ser como la describía Hesíodo en la literatura primitiva. Se la conoció como una diosa amenazadora y oscura. Sin embargo, el poeta griego Píndaro mencionó su lado suave describiéndola como "una virgen amistosa". También la acompañaban las erinias o furias (deidades de la venganza), que castigaban a quienes cometían actos malvados. Sus hijas, las empusas (demonios femeninos), se paseaban seduciendo a los hombres.

No fue hasta el siglo V cuando empezó a tener un papel más destacado en la mitología griega. Antes desempeñaba papeles secundarios en las historias de otras diosas, como Artemisa, la diosa de la caza y los animales salvajes, Perséfone y Deméter.

Todavía hoy se la representa como la diosa de la brujería y el inframundo. Sin embargo, nadie sabe a qué se debe este cambio.

En el siglo VI, Hécate era representada con una imagen muy diferente. Se le consideraba un alma cósmica o una entidad a la que se podía invocar mediante la contemplación o la práctica de determinados rituales.

No se sabe con exactitud cuándo se empezó a venerar a Hécate. Como muchas otras deidades griegas, existía antes de la mitología escrita. Las culturas antiguas transmitían sus historias oralmente de generación en generación. Como no existían fuentes literarias, estas historias sufrían muchos cambios. A menudo se añadían u omitían ciertos detalles hasta que diferían de las historias originales.

Aunque Hécate no aparece en los poemas épicos de Homero, sí lo hace su hija Circe. En Odiseo, una bruja del mar llamada Circe desempeña un papel considerable. Odiseo le pedía consejo para que él y sus hombres pudieran cruzar el mar con seguridad. Se la describía como una hechicera que podía maldecir a cualquiera que se cruzara con ella y convertirlo en una bestia; también era experta en magia, al igual que su madre.

Hécate también apareció en muchas obras literarias. William Shakespeare la mencionó en relación con extraños rituales y magia oscura.

La diosa

En la mitología griega, Hécate es la diosa de las puertas, las encrucijadas, la magia, la brujería, la luna, la agricultura, el matrimonio, los partos, los fantasmas, los perros infernales y otras criaturas de la noche. Tenía un papel en todo lo que concernía a la humanidad, tanto en la vida como en la muerte. Sin embargo, Hécate fue considerada principalmente una diosa de la brujería y la magia durante el siglo V. También se la asocia con la nigromancia y el ocultismo.

Influye enormemente tanto en el mundo de los vivos como en el de los muertos. Su dominio sobre la nigromancia y los fantasmas se debe a su capacidad para moverse entre los reinos. También elige a las almas que pueden viajar hacia y desde el inframundo, lo que le otorga el poder de resucitar a los muertos e invocar a los espíritus. Cuando recorre la tierra, suele ir acompañada de las almas de mujeres solteras y sin hijos. Los desplazamientos entre diferentes mundos fueron un tema recurrente en la vida de Hécate desde que nació en el reino de los titanes, pero encontró su lugar en el panteón olímpico entre los dioses griegos.

Es una diosa muy poderosa y misteriosa. No se la puede clasificar como una diosa buena o mala, ya que es capaz de ambas cosas. Algunos pueden estremecerse ante la mención de su nombre, mientras que otros la encuentran un refugio seguro que proporciona justicia y protección.

Sin embargo, esto no significa que haya que temer a Hécate. Su asociación con la magia y la brujería le da fama de diosa siniestra y terrorífica. El autor griego Hesíodo, uno de los primeros en mencionarla en la literatura clásica, la describió como una diosa bondadosa que siempre presta ayuda a quienes la invocan.

Hécate es también la diosa de los límites, como las fronteras, las murallas o las puertas. La frontera más importante de la mitología griega es la que separa la vida de la muerte. Los antiguos griegos creían que los espíritus de los muertos cruzaban esta frontera para llegar al otro mundo.

Hécate puede describirse como un velo que separa ambos mundos mientras monta guardia en medio, vigilando a los vivos y a los muertos.

Hécate y la brujería

Los romanos y los griegos veneraban a Hécate como diosa de las brujas. En la historia del héroe griego Jasón y sus heroicos hombres, los argonautas, que vivieron muchas aventuras juntos, buscaron la ayuda de la bruja Medea, una de las devotas y seguidoras de Hécate, para que les ayudara en su viaje. El poeta helenístico Teócrito también contó la historia de Simaetha, que invocó a Hécate para que le devolviera a su amante Delfos.

Aunque Hécate es una deidad protectora y la diosa de los límites, su asociación más popular es con la magia. Nadie conoce el origen de la transición de Hécate a la brujería, ya que al principio apareció como una diosa bondadosa relacionada con aspectos luminosos. Sin embargo, se cree que se asoció con la magia cuando sus poderes evolucionaron y pudo conceder favores a sus seguidores. Ser la diosa de todos los límites, incluido el que existe entre lo sobrenatural y lo natural, contribuyó a convertirla en la diosa de la brujería.

Se convirtió en una bruja oscura debido a su conexión con el inframundo. Como podía moverse libremente entre los mundos, podía descubrir los secretos de los vivos y los muertos.

Hécate compartía sus conocimientos mágicos con sus devotas seguidoras, como Medea.

La protectora

Hécate es una diosa protectora por su papel de guardiana de puertas y fronteras. Vigila las ciudades y los hogares para evitar que el mal penetre en ellos. A menudo se la llamaba Apotropaia, que significa "apartar", lo que simboliza su función protectora de los lugares. Existe incluso un tipo de magia llamada apotropaica, inspirada en la diosa, que protege los hogares del daño y el mal. Incluso sus perros desempeñan una función protectora. Actuaban como perros guardianes ladrando para avisar a los propietarios de intrusos o peligros.

La diosa no solo mantiene alejado el mal, sino que también lo deja pasar y entrar en las casas. Si usted enfada o falta al respeto a la diosa, ella permite que la mala suerte y el mal entren en su hogar. Hesíodo mencionó en su poema que Hécate tenía el poder de permitir o negar la desgracia.

Cultos a Hécate

El geógrafo griego Pausanias afirmó que Hécate tenía muchos cultos en su nombre en varias islas griegas. Por ejemplo, un misterioso culto en Egina veneraba a la diosa y creía que podía curar enfermedades mentales. En otras islas, como Miletos, Eritrea, Tesalia, Kos y Samotracia, había muchos cultos dedicados a Hécate, donde sus seguidores construían altares y ofrecían sacrificios en su honor. La diosa también fue venerada durante las épocas romana y helenística.

Hécate era venerada en muchos otros lugares del mundo, con diversos cultos que la veneraban en privado o en público.

Hécate en otras culturas

Hécate no solo era popular entre griegos y romanos, sino que muchas otras culturas antiguas la invocaban cuando necesitaban ayuda con la brujería. En el antiguo Egipto se descubrió un papiro mágico que contenía varios hechizos y textos mágicos asociados a Hécate. Sin embargo, se le atribuían otros nombres, como Selene, Perséfone, Brimo y Baubo.

Hécate en la mitología griega

No se puede conocer realmente a Hécate ni su personalidad sin aprender acerca de su papel en los mitos griegos.

El rapto de Perséfone

Hades estaba enamorado de su bella sobrina Perséfone. Sabía que su madre, Deméter, la protegía y nunca le daría su mano a nadie. Así que un día decidió raptarla. Mientras Perséfone paseaba por el campo oliendo flores, Hades subió del inframundo en un carro y la raptó. Perséfone estaba aterrorizada y gritaba, y la única que escuchó su grito de auxilio fue Hécate.

Tras perder a su hija, Deméter quedó desolada y la buscó por toda la Tierra. Hécate acudió a ella y le explicó que había oído gritar a Perséfone, pero que no sabía quién se la había llevado. Hécate sugirió a Deméter que acudiera a Helios (el dios del Sol) en busca de su ayuda, ya que él podía ver todo lo que ocurría en la Tierra. Helios le dijo a Deméter que Hades era quien había raptado a su hija.

Deméter estaba deprimida e ignoraba sus obligaciones. Como diosa de la agricultura, abandonó las tierras y los cultivos, dejando que la humanidad muriera de hambre. Sin embargo, Hécate no se separó de ella y fue su fiel compañera hasta que su hija regresó.

Zeus, marido de Deméter y padre de Perséfone, interfirió y le devolvió a su hija. Hécate se alegró mucho de tener a Perséfone de vuelta y de verla reunida con su madre. Se convirtió en la asistente de Perséfone y la acompañó al inframundo. De no ser por Hécate, Deméter nunca habría podido encontrar a su hija. También fue honrada y muy respetada en los cultos de Perséfone y Deméter por reunir a madre e hija. Este incidente también le valió a Hécate el epíteto de "sōteira".

El nacimiento de Zeus

Varios mitos cuentan la historia del nacimiento de Zeus. En una versión, Cronos (el dios del tiempo, rey de los titanes y padre de Zeus) temía que sus hijos crecieran algún día y lo derrocaran. Así que, para protegerse, se los tragó a todos después de nacer. Cuando su esposa Rea, la diosa madre, dio a luz al más joven, Zeus, no quiso que corriera la misma suerte que sus otros hijos. Puso una piedra en la ropa para que se pareciera a su hijo recién nacido y se la entregó a Hécate para que se la llevara a Cronos, que se la tragaría en lugar de Zeus, a quien Rea mantenía a salvo.

Zeus[15]

Esta historia muestra a Hécate como valiente, pues ¿quién se atrevería a engañar al rey de los titanes si no fuera audaz e intrépido?

El ataque a los olímpicos

Un día, los gigantes atacaron a los olímpicos (las principales deidades del panteón griego). Hécate luchó con los olímpicos y consiguió matar a Clytius, uno de los gigantes e hijo de la diosa de la tierra Gea. Tras ayudar a los dioses a ganar la guerra, Hécate fue muy venerada por Zeus y todas las demás deidades. Todos la veían como una diosa poderosa a la que nunca debían subestimar.

Esto muestra a Hécate como una guerrera valiente y poderosa que nunca rehuiría una batalla.

Hécate en la Edad Moderna

Hoy en día, Hécate es conocida sobre todo como la diosa oscura de la brujería asociada a los fantasmas. Aunque no aparece mucho en la mitología griega moderna, desempeña un papel importante en la wicca, el neopaganismo y la brujería moderna. Se cree que la diosa triple, venerada por muchos neopaganos, es Hécate, que también tiene una forma triple.

Las contradicciones y misterios de Hécate

Se cree que Hécate es la deidad más incomprendida de la mitología griega, y tiene sentido, ya que ha sido objeto de muchas contradicciones a lo largo de la historia. Se la representa como guardiana, protectora de los hogares y diosa de la brujería y el inframundo. Puede ofrecer protección contra el mal y, al mismo tiempo, permitir que el mal y la desgracia entren en la vida de las personas. Es una deidad extranjera y griega a la vez.

Nadie puede comprender los poderes u orígenes de Hécate, sobre todo porque sufrió muchos cambios en la mitología griega. Algunos estudiosos sostienen que Hécate es una diosa diferente a la que la gente conoce ahora. Dado que su nombre deriva del otro nombre de Apolo, Hécatos, se cree que Hécate es otro nombre de Artemisa, la hermana gemela de Apolo. A medida que aumentaba el número de personas que rendían culto a Artemisa en la antigua Grecia, sus seguidores se percataron de sus numerosos atributos positivos. Sin embargo, como cualquier otra deidad, también tiene cualidades negativas. Sus devotos separaron el lado oscuro de su personalidad para crear una diosa diferente y le dieron el nombre de Hécate.

Aunque Hécate es conocida por ser una bruja asociada a la oscuridad y la magia, muchas de sus leyendas la retratan de forma positiva, ya sea ayudando a Deméter a encontrar a Perséfone o luchando junto a los dioses griegos. Por otro lado, algunas historias mostraban el lado oscuro de la diosa. En una historia, había una bruja llamada Gale, a la que Hécate maldijo y convirtió en un turón porque consideraba que su comportamiento y sus deseos eran antinaturales.

Algunos estudiosos creen que Hécate está asociada a la antigua diosa egipcia de la fertilidad Heqet, que estaba vinculada a la magia, a la que llamaban *heqa*.

Aunque varios mitos afirman que Hécate era hija de dioses o gigantes, algunas leyendas la retratan como una mortal. Según algunas obras literarias, era una princesa llamada Ifigenia que estaba a punto de morir cuando Artemisa la salvó y la transformó en diosa.

Es difícil comprender o definir a Hécate. Es una de las pocas deidades griegas que no aparecen en "*La Ilíada*" o "*La Odisea*" de Homero, por lo que se sabe poco de ella. Sin embargo, ha aparecido en varios mitos como diosa de los hogares, la agricultura, las brujas, las encrucijadas de los viajes y muchos otros.

Hécate siempre ha estado rodeada de misterio, ya sea por su origen o por sus poderes. Primero apareció como la diosa del cielo, sin ninguna relación con la brujería y, de la nada, su imagen cambió como si se hubiera convertido en otra diosa.

Una vez más, nos preguntamos: ¿quién es Hécate, sinceramente? ¿Es una diosa buena o mala? Responder a esta pregunta no es tan sencillo. Cada persona tiene una definición del bien y del mal. Algunos considerarían malvada una acción, mientras que otros podrían justificarla. Hécate es igual que los seres humanos. Tiene rasgos positivos y negativos y es capaz de hacer el mal. Se la puede describir como neutral. Como diosa de las encrucijadas y los límites, se sitúa entre los vivos y los muertos, y entre lo natural y lo sobrenatural, por lo que es capaz de hacer el bien y el mal.

En otras palabras, se sitúa en un punto intermedio entre dos extremos, negándose a elegir un bando. Puede elegir cómo quiere ver a Hécate. Sin embargo, se puede argumentar que es un icono feminista. En muchas de sus leyendas aparece como una diosa fuerte y valiente que protege a quienes la necesitan. Sin embargo, no tolera la injusticia ni la falta de respeto. Es una figura intrigante a la que no se puede dejar de admirar. Su bondad y oscuridad la convierten en una diosa con cualidades humanas con la que cualquiera puede identificarse. El misterio y las contradicciones que rodean a Hécate forman parte de su atractivo. Puede plantear más preguntas que respuestas, pero su personalidad tiene dos aspectos, la luz y la oscuridad, el bien y el mal. Quién es realmente Hécate puede estar abierto a muchas interpretaciones, y su visión personal influye en cómo se la ve.

Capítulo 2: La bruja Hécate

Ahora que ha aprendido quién es Hécate, puede profundizar en lo que es una bruja de Hécate. Este capítulo ofrece recomendaciones sobre cómo saber que se siente atraída por Hécate y en qué grado. Recibirá orientación sobre la amplia gama de formas en que una bruja de Hécate trabaja con la diosa, incluida la práctica de encontrar la propia verdad y recibir claridad cuando se encuentre en una encrucijada.

Ser una bruja de Hécate significa seguir el camino de la diosa [16]

Características de una bruja de Hécate

Ser una bruja de Hécate significa reclamar el camino de seguir a la diosa, en cualquier viaje al que le lleve. Honrarla requiere mucho trabajo, ya que se le considera la reina de las brujas. Incluye venerarla con regularidad, invocarla para obtener curación espiritual y ayuda para el crecimiento, y establecer una conexión con ella. Una bruja de Hécate también honra a todas sus compañeras devotas de Hécate, vivas o muertas. Hoy en día existe mucha información sobre la diosa. Por desgracia, parte de ella se basa en conceptos erróneos, lo que hace que muchos buscadores espirituales y mágicos curiosos duden a la hora de trabajar con Hécate. Una verdadera devota se toma su tiempo para profundizar en la antigua tradición griega de la diosa y de las famosas brujas que la veneraban. A través de esta búsqueda, entenderá cómo llegar a la diosa y cómo puede ayudarle.

Como bruja de Hécate, también puede que le guste practicar su oficio reviviendo la antigua magia griega e incorporándola a sus prácticas modernas. Una bruja puede elegir muchas formas de venerar a la diosa, como la meditación, los rituales con velas y la herboristería. Muchas brujas de Hécate se sienten atraídas por un estilo de vida natural, prefiriendo utilizar plantas como remedios naturales que tratar afecciones con la medicina moderna. Utilizan varios tipos y partes de hierbas y piden ayuda a Hécate cuando las preparan para los tratamientos. Otra característica de las devotas de Hécate es su profunda reverencia por el equilibrio entre la vida y la muerte. En lugar de ver la muerte como el final de la vida, las devotas reconocen la muerte como un periodo de transición. Los que cruzan el espacio liminar deben ser honrados mediante rituales y ceremonias. Los antepasados muertos reunían sabiduría y la transmitían a las nuevas generaciones, por lo que se ganaban el respeto de Hécate. Ella les ayudó en sus periodos de transición, en la vida y en la muerte. Al honrar a los muertos, también se honra a Hécate. Si siente la necesidad de honrar a sus antepasados durante los periodos transitorios, puede ser una gran señal de que está preparada para convertirse en una bruja de Hécate. Los periodos y espacios liminales representan un punto intermedio. Por ejemplo, el crepúsculo es un periodo liminar entre el día y la noche. Samhain es un periodo que divide el verano del invierno. En estos tiempos, la división entre el mundo de los vivos y el reino espiritual es más débil, por lo que es natural sentir la atracción hacia la diosa y las almas muertas que representa. Puede sentirse atraída por familiares, amigos que han fallecido o antepasados muertos hace mucho tiempo cuya sabiduría puede aprovechar durante las prácticas mágicas y espirituales. Una bruja venerará a todos los muertos, les hará ofrendas y pedirá su bendición para el trabajo mágico.

Hécate es conocida por su naturaleza cálida y amable, pero es portadora de una sabiduría oscura. Las verdaderas devotas entienden que tiene el poder de causar daño. Mientras la busque con las intenciones correctas, no le causará ningún daño. Sin embargo, si su propósito no es puro, nada bueno saldrá de trabajar con ella. Para una bruja de Hécate, la diosa representa el equilibrio supremo. Se esfuerza por obtener este equilibrio honrando a la diosa a través del aprendizaje de diferentes prácticas.

Una bruja de Hécate sabe que la diosa solo puede ayudar a aquellos que desean vivir una buena vida. Vivir bien la vida significa ser consciente de los propios deseos, fortalezas y debilidades. Solo puede ayudar a los que se ayudan a sí mismos. Está ahí para los que buscan su verdad y quieren encontrar su voz auténtica. Los verdaderas devotas siempre se aseguran de que sus intenciones son claras cuando invocan a Hécate y se toman su tiempo para prepararse para su trabajo mágico o espiritual. Saben lo importante que es tener la cabeza en su sitio.

Para una bruja de Hécate, trabajar con la diosa significa buscar el poder personal. Saben que la diosa no hará nada por ellas; tienen que encontrar su propio poder para superar los retos a los que se enfrentan. Al mismo tiempo, nunca dejan de mostrar su humildad. Hécate pide a sus devotas que reconozcan la parte de ella que reside en todos los seres. Quiere que reconozcan que su alma procede de su esencia. Sin embargo, también les incita a encontrar sus propias verdades, su propio camino espiritual. Como diosa del equilibrio, Hécate le enseña que hay momentos en los que debe tener confianza en sí misma y defenderse, estableciendo límites y deteniendo a cualquiera que desee hacerle daño. En otras ocasiones, le advertirá que se mantenga humilde y considere los desafíos como oportunidades de crecimiento espiritual en lugar de obstáculos insuperables. Si siente que debe esforzarse por ser equilibrada como lo es Hécate, está en el buen camino para convertirse en una verdadera devota.

Una bruja de Hécate busca celebrar y venerar a Hécate estando dispuesta a dejar de lado cualquier prejuicio, convertirse en su alumna y aceptar su guía. Muchas de sus devotas se expresan a través del arte y otras actividades creativas. Esto les permite conectar con la diosa y recurrir a sus poderes para potenciar sus prácticas. Les permite obtener equilibrio y resistencia al mismo tiempo.

Las devotas de Hécate son creativas porque su poder les guía. Saben expresarse a través de sus símbolos y de muchas otras herramientas espirituales y mágicas. Las encuentran en todas partes. Siendo fieles a una de las enseñanzas fundamentales de Hécate, si se ayuda a sí mismo, ella podrá ayudarle. Por ejemplo, en lugar de utilizar encrucijadas y espacios liminales reales, una bruja de Hécate creará símbolos de éstos a partir de objetos y situaciones cotidianas.

Recuerde que todas las prácticas, creencias y búsquedas anteriores son descripciones generalizadas de los enfoques utilizados por los devotos y sacerdotisas de Hécate. Sin embargo, como cualquier bruja de Hécate le dirá, trabajar con la diosa es un proceso muy personal. Siéntase libre de inspirarse en estas prácticas y creencias, pero solo emprenda aquellas que considere adecuadas para usted. Para que su conexión con la diosa sea realmente poderosa, debe encontrar su forma única de vincularse con ella y expresar sus intenciones y gratitud.

Señales de que Hécate le está llamando

La diosa es conocida por dar a conocer su presencia, pero es muy cuidadosa con el momento oportuno. Una bruja de Hécate sabe que la diosa solo le llamará cuando la necesite y esté preparada para recibir su ayuda. No tendrá que buscarla, ni le servirá de nada hacerlo. Como alma antigua conectada con todos los seres del universo, siente cuándo se le necesita. Sabe cuándo su vida está desequilibrada o cuándo se encuentra en una encrucijada. Si es así, ella vendrá. Si no, no le ayudará. Cuando llegue, anunciará su presencia con señales audaces. Es una deidad activa, una de las principales razones por las que permanece en la vida de sus seguidores y es venerada por muchos. Una vez que haya establecido una conexión con ella y haya empezado a cultivar su vínculo, ella seguirá tendiéndole la mano. Seguirá guiándole en su viaje de transición mientras la necesite.

Según ciertas creencias, para que Hécate se ponga en contacto con usted, primero debe pedirle una señal. Sin embargo, no siempre es así. Si nunca ha trabajado con ella, no puede pedir señales de su presencia. Sin embargo, puede presentarse a través de mensajes simbólicos. Esto se debe a que, aunque recuerde haberle pedido ayuda conscientemente, en realidad podría haberlo hecho intuitivamente. La intuición es una fuerza con el poder de establecer conexiones espirituales de las que ni siquiera es consciente. La intuición es una fuerza con el poder de establecer conexiones espirituales de las que ni siquiera es consciente. Para asegurarse de que su diosa se pone en contacto con ellas, las brujas de Hécate solían hacer ofrendas para preguntar si les enviaba mensajes. Consideran una confirmación cualquier señal que reciban después de completar la ofrenda.

Los signos más comunes de que Hécate se ha puesto en contacto con una bruja o practicante son la visión de perros negros o salvajes. Puede ser una visión de un animal salvaje, como un coyote, un perro salvaje, un lobo o un zorro. Un perro negro podría incluso correr hacia usted y tratar de hacer contacto con usted. Si el dueño del perro dice que el animal rara vez deja que alguien lo acaricie o se le acerque, es una señal segura de que Hécate está invitando a una bruja a un viaje. Las brujas de Hécate también creen que oír ladrar a los perros (sobre todo si la fuente es desconocida) también es una señal de que se acercan a ellas. Se cree que son los sonidos de animales fallecidos que ella utilizaba para comunicarse con sus seguidores.

Ver serpientes también es una verdadera señal de que Hécate se comunica con una devota. Estas criaturas están asociadas a la magia, así que si tiene visiones de ellas durante su trabajo mágico, podrían ser mensajes de la diosa. Las brujas de Hécate saben que, al igual que la diosa vive cerca de la superficie del mundo espiritual, las serpientes viven cerca de la superficie de la tierra. Sin embargo, estos animales tienden a mantenerse alejados de las personas, por lo que suele haber una buena razón para verlos.

Si ve llaves, umbrales, puertas, antorchas o luces, es probable que sea una bruja Hécate dispuesta a embarcarse en un largo viaje con la diosa. Encontrar llaves antiguas indica que está a punto de cruzar un umbral que traerá grandes cambios a su vida. Al ser conocida como la portadora de la luz, Hécate a menudo se comunica a través de la luz. En los tiempos modernos, será a través del parpadeo de las farolas y no de las antorchas. Aún así, si ve una parpadeando en múltiplos de tres, está a punto de recibir un poderoso mensaje de Hécate.

Los cambios de temperatura a su alrededor también pueden indicar que la diosa está cerca. Su mundo es un lugar oscuro y frío. Puede sentir un escalofrío cuando se acerca a usted desde un espacio liminar. También puede tener una visión o un sueño en el que el mundo que le rodea se vuelve más oscuro (incluso de día), como si el sol nunca hubiera salido del todo.

Cuidado al trabajar con Hécate

Las brujas de Hécate creen que su señora no es una deidad que deba tomarse a la ligera. Puede que no sea la criatura terrorífica que trae la muerte como algunas interpretaciones modernas quieren representarla, pero esto no significa que pueda pedirle peticiones frívolas. Puede ayudarle a transformar su vida, pero solo si está realmente dispuesta a hacer cambios significativos. Por ejemplo, si su idea de transformación es conseguir un trabajo bien pagado, ganar la lotería o volver con su ex, Hécate no es la deidad que puede ayudarle. Aunque no tomará represalias si le pide estas cosas, perderá su tiempo y sus recursos porque su trabajo con ella será infructuoso. En cambio, si desea transformar su vida porque se siente atascada o perdida en un espacio oscuro, ella podría guiarle. Se trata de querer encontrar su propia verdad, y nunca de hacer o esperar milagros.

Llegado a este punto, puede que se pregunte cómo sabrá si está preparada para la ayuda de Hécate y cómo pedírsela para encontrar sus verdades. La primera señal es su voluntad de acercarse y hacer preguntas. Significa que es consciente de que se encuentra en una encrucijada o en cualquier otra situación desde la que el empoderamiento a través de Hécate puede ayudarle a avanzar. A continuación, debe aceptar que ella es la diosa del cambio, no una bruja oscura que puede tomar represalias si no actúa de una determinada manera. Las verdaderas conversiones espirituales no suelen ser fáciles. Suelen ser complicadas y dolorosas. Requieren que la gente renuncie a algo, que deje atrás hábitos reconfortantes, y una verdadera bruja de Hécate lo sabe y lo acepta. Si se acerca y comienza su transformación, debe aceptar el dolor que conlleva con humildad. La bruja nunca culpa a su ama del dolor porque sabe que la felicidad no puede alcanzarse sin él.

La siguiente señal de que está preparada para la ayuda de Hécate es que está dispuesta a abrir su mente a los mensajes que recibirá de ella. Antes de hacerlo, haga un poco de introspección para ver si está lista para lo que se necesita. No pierda el tiempo invitando a Hécate a su espacio si no lo está. Sin embargo, si puede adoptar una mentalidad que dé la bienvenida a la transformación, estará lista. Esto implica expresar gratitud por las bendiciones y lecciones que ha recibido hasta ahora, sin importar lo desafiantes que hayan sido estas últimas. Solo puede pasar a la siguiente etapa de la vida bien vivida si ya siente que la ha empezado. Las afirmaciones sobre experiencias y logros positivos a menudo le tranquilizan diciéndole que lo está haciendo bien. La diosa está esperando a que usted reconozca que se lo merece. Una vez que lo haga, le enviará más señales y consejos.

Si está dispuesta a aceptar que Hécate solo será su guía mientras usted hace el trabajo duro, tendrá aún más poder. Su poder puede estar en usted, pero usted lo controla, al igual que controla sus emociones, pensamientos y acciones. Es usted quien transformará su propia vida. La diosa solo le ayudará en su viaje, orientándole ocasionalmente en la dirección correcta si es necesario. Debe aceptar la responsabilidad de sus actos y de su vida. Su transformación espiritual será su viaje; debe adquirir conciencia de sí misma antes de que comience. No puede esperar que sea fácil, pero puede ayudarse a sí misma aceptándolo como una verdad. Con este enfoque, será capaz de abrazar el cambio, incluso si llega de una forma que nunca esperó que llegara. Esto es lo que significa hablar con su auténtica voz. Es tener fe en su poder y no esperar que otro haga el trabajo por usted. Recuerde que lo suyo es contar las cosas tal y como son. No hay nadie que le diga que no puede hacer algo, y usted tampoco debería hacerlo.

A pesar de los dolorosos cambios que conlleva, la transformación puede ser hermosa. Sabrá que está preparada cuando empiece a actuar conscientemente. En lugar de hablar o soñar despierta sobre cambiar su vida, realmente está haciendo algo que iniciará este proceso. Aquí es cuando Hécate intervendrá. Porque ella no ayudará a aquellos que permanecen inactivos, temerosos de dar el primer paso, ella solo guiará a aquellos listos para avanzar con sus vidas. Ella sabe que es difícil dejar atrás la comodidad y las variables conocidas de su vida, pero también sabe que es necesario.

Algunos novatos se preguntan si le caerán bien a Hécate, temiendo a menudo que rechace sus peticiones de ayuda. Cuando en realidad, Hécate quiere que usted se guste a sí mismo. Quiere que se sienta merecedor de la transformación positiva. No tendrá problemas para comunicarse y establecer vínculos con ella si dice lo que piensa y expresa sus verdaderos deseos. Hécate no esperará que sea perfecta y que no cometa ningún error a lo largo de su viaje. Al fin y al cabo, para eso acude en su ayuda, para susurrarle su guía mientras usted atraviesa el desordenado proceso de transformación plagado de errores. El auténtico camino de Hécate es imperfecto, *y eso es lo que le pide que acepte.*

Al embarcarse en su camino, usted ha reconocido que aceptará cualquier cambio que ella traiga. Estos llegarán en forma de mensajes espirituales, que le permitirán conocerse mejor. Aprenderá a identificar sus límites personales, un efecto realmente fortalecedor de convertirse en una devota de Hécate. Será capaz de decir no cuando sea necesario, sin justificar sus palabras y acciones. Hécate no será responsable de esto, será usted. Ella solo le empujará a encontrar su voz interior y el detonante que necesita para liberarla. Adquirir autoconciencia, confianza en sí misma y la capacidad de ponerse en contacto con su intuición incluso antes de profundizar en el trabajo con la diosa son logros cruciales. Todas ellas indican que usted está lista para comenzar su viaje como bruja de Hécate.

La última señal de que está lista para acercarse a Hécate es que acepta que la diosa la conoce mejor de lo que usted se conoce a sí misma. Podrá mentirse a sí misma sobre su deseo de que su vida vaya en una dirección específica, pero no podrá engañarla. En estos tiempos modernos, las normas sociales y las obligaciones financieras suelen crear deseos engañosos. Pueden hacerle creer que puede transformar su vida teniendo más dinero o haciéndose famosa por razones equivocadas. Sin embargo, la diosa sabe que nada de esto es cierto, y tendrá que aprender a escucharla.

Si después de leer todas estas señales aún no se siente preparada para empezar a trabajar con Hécate, no se preocupe. Tómese su tiempo para aprender lo que realmente quiere hacer y acérquese a ella cuando esté preparada. Ella ha existido durante mucho tiempo y seguirá existiendo. Le esperará hasta que esté preparada para trabajar con ella. Cuando *empiece a trabajar con ella*, no tenga prisa por encontrar su propia verdad. Es un proceso largo que requiere mucha práctica y trabajo intuitivo.

¿Qué tan fuerte es su conexión con Hécate?

Ahora que ya sabe cómo sigue la bruja de Hécate a su patrona y cómo saber si la diosa le está llamando, puede saber más sobre lo atraída que se siente por Hécate. El siguiente cuestionario le ayudará a vislumbrar el nivel de su devoción y le proporcionará algunos consejos sobre cómo llevar a cabo su práctica:

1. Me siento atraída por Hécate durante los periodos liminales, como cuando el día se convierte en noche al atardecer o cuando el verano se convierte en invierno durante el otoño.

2. Siento un profundo deseo de celebrar la muerte como un periodo de transición sabiendo que la vida continúa más allá de ella.
3. Quiero aprender más sobre cómo honrar a Hécate y conectar con ella.
4. Veo señales de que la diosa me llama, enviándome imágenes de llaves, perros negros, serpientes y símbolos de la muerte.
5. Quiero explorar cómo venerar a Hécate a través de rituales diarios.
6. Quiero celebrar a Hécate visitando sus templos y participando en rituales con otros devotos.
7. Siento que estoy a punto de llegar a una encrucijada, y Hécate puede guiarme a través de este periodo de transición.
8. Estoy lista para hacer cambios en mi vida, aceptando que si le pido ayuda a Hécate, los cambios serán poderosos y quizás dolorosos.
9. A pesar de su poder, no temo a Hécate, sino que venero su belleza y su poder, y le permito que me guíe hacia una vida mejor.

Los resultados

- Si solo se ha identificado con 1 a 3 de las 9 afirmaciones, se trata simplemente de curiosidad. Ha oído hablar de Hécate y desea saber más, pero no está seguro de que seguirla sea el camino adecuado para usted. Continúe su investigación para ver si puede inspirarse para forjar su vínculo único con la diosa y utilizar su ayuda para transformar su vida.

- Se le considera una verdadera devota si se ha identificado con 4-6 de las 9 afirmaciones. Desea honrar a Hécate y lo que representa a través de prácticas regulares. Está segura de que es ella quien puede ayudarle a vivir una vida mejor, y está dispuesta a asumir los retos que le proponga para facilitar su transformación. Continúe celebrando en su altar a través de pequeños rituales que fortalezcan su conexión con ella.

- Si se ha identificado con 7-9 de las 9 afirmaciones, es tan devota de Hécate como una sacerdotisa. Está dispuesta a abrazar a la diosa en todas sus formas y confía en ella implícitamente. Acepta que Hécate está en todas partes y que sabrá ayudarle cuando la necesite. Se siente inspirada para dedicar una parte importante de su vida a Hécate y entregarse a sus poderes transformadores.

Capítulo 3: Signos y símbolos de Hécate

Todos los dioses y diosas tienen signos y símbolos asociados a ellos. A menudo, estos símbolos se muestran en ilustraciones o esculturas como las llaves, los perros y las antorchas, que suelen representarse con Hécate. Dado que la diosa está asociada a la noche, muchos de sus símbolos están relacionados con elementos oscuros como el inframundo y la muerte. Sin embargo, Hécate también es una diosa misteriosa con muchas contradicciones, por lo que también encontrará algunos símbolos asociados a la luz.

Este capítulo tratará los diferentes símbolos de Hécate y sus significados.

La rueda de Hécate

La rueda de Hécate también se llama el strophalos de Hécate. Es un símbolo wiccano que pertenece a las tradiciones diánicas y a la tradición helénica. La rueda es una representación visual de Hécate. Consiste en una estrella de seis lados dentro de un círculo rodeado por un laberinto de tres lados y otro círculo. El símbolo surgió por primera vez en el siglo I, cuando se representaba con Hécate.

Rueda de Hécate

Sin embargo, algunos estudiosos creen que estas primeras imágenes de la rueda fueron con Afrodita, la diosa del amor. Aun así, ambas imágenes de las diosas acabaron solapándose.

Hécate está asociada al concepto de la trinidad. Primero fue la diosa del mar, el cielo y la tierra. Tras asociarse con la magia, se la representó como una diosa triple con tres cabezas y un cuerpo, tres cuerpos y una cabeza o tres cabezas y tres cuerpos. También se le asocia con los tres aspectos de la vida de la mujer: la doncella, la madre y la arpía. Se suele hacer referencia a Hécate como la "diosa de la triple luna" porque también representa las tres fases diferentes de la luna. El aspecto de la trinidad forma parte de la identidad de Hécate, y queda patente en las tres caras del laberinto.

Aunque cada parte de la rueda tiene su propio significado, el símbolo en sí representa la transferencia de energía y conocimiento a través de las fuerzas divinas. Los strophalos de Hécate están relacionados con los oráculos caldeos, asociados a la creencia metafísica neoplatónica. Esta creencia afirma que un padre omnisciente y todopoderoso con poderes divinos e intelecto ilimitados creó el universo. Él es la fuente principal de toda la sabiduría del cosmos.

Este padre tiene sus propios embajadores encargados de transmitir la sabiduría y el conocimiento a la humanidad. Hécate es uno de sus emisarios que entrega esta información a la tierra para que todos puedan beneficiarse de ella. Cada parte del símbolo tiene un significado diferente relacionado con esta transmisión de conocimientos.

El laberinto

El laberinto simboliza las diferentes etapas de la vida humana que toda persona debe atravesar. Durante este viaje, uno debe absorber el conocimiento del universo antes de que su vida termine y su espíritu regrese a su creador. El laberinto también representa el autodescubrimiento que uno experimenta en la vida. También puede describirse como un bucle que significa el círculo de la vida y sus tres etapas

Vida

El primer ciclo es la vida y representa el nacimiento. El espíritu pasa esta etapa ligado al cuerpo físico.

Muerte

El segundo ciclo es la muerte. Ocurre después de que el cuerpo físico se marchita y se separa del espíritu. El espíritu asciende entonces a un plano de existencia diferente, el reino de los muertos, donde pasa el resto de la eternidad.

Renacimiento

La última etapa es el renacimiento. Una vez que el espíritu asciende, puede alcanzar un estado superior y experimentar la iluminación. El espíritu debe entonces pasar por un renacimiento en el que, o bien se reencarna y vuelve a vivir en la forma física, o bien regresa a su padre divino.

La estrella

La estrella es otra parte de Hécate. Se coloca en el centro y representa al padre divino, que es omnisciente y la fuente de todo conocimiento. Los seis lados de la estrella simbolizan la chispa que se enciende en el alma y le conecta con el mundo que le rodea y con el padre divino.

Hay otras formas de la rueda con las letras X o Y en su centro en lugar de la estrella. La letra Y representa la intersección de las tres encrucijadas donde Hécate monta guardia en su forma de triple diosa.

El círculo interior

El círculo interior es el primer círculo de la rueda de Hécate. Simboliza a la propia diosa, que es la guardiana y protectora del conocimiento divino y la que lo distribuye entre la humanidad al ser un reflejo de la divinidad del creador.

El círculo exterior

El segundo círculo y la última parte de la rueda forma el círculo exterior, que simboliza las limitaciones de la energía que Hécate utiliza cuando transfiere el conocimiento divino a los humanos. Un área cerrada entre los dos círculos representa el espacio entre los mundos intelectual y físico. Hécate utiliza este espacio para difundir la información divina.

La rueda también simboliza los conceptos de renovación y renacimiento, ya que está relacionada con la forma de la serpiente laberíntica, que gira en espiral. En la mitología griega, la serpiente tiene diferentes significados y a menudo se representa con otras deidades. Por ejemplo, hay serpientes grabadas en los pentagramas de Asclepio, dios de la medicina, y Hermes, dios de la fertilidad y el lenguaje, que representan la medicina y la curación.

Hécate también se representa a menudo con serpientes, que simbolizan la fertilidad y el renacimiento. En uno de los antiguos mitos griegos de la creación, el mundo fue creado por una serpiente gigante que incubaba un huevo. Las serpientes mudan de piel cada pocos años y salen con cuerpos nuevos y rejuvenecidos. Por eso, las serpientes representan el renacimiento y la idea de que cada criatura puede renacer de forma diferente.

La parte espiral del símbolo es la responsable de transmitir el conocimiento divino a la humanidad a través de rituales como girar las ruedas del strophalos para liberar un sonido. Si se realiza este ritual después de la muerte de alguien, Hécate responderá a este sonido y descenderá para ayudar al espíritu del difunto a ascender hasta el padre divino.

La espiral y otras partes del strophalos se asocian a rituales relacionados con lo divino. Suelen atraer al padre divino y a Hécate y también pueden utilizarse para realizar diversos hechizos. El sonido que emite se asemeja a los movimientos y sonidos de los iynges, médiums encantadores y herramientas relacionadas con el intelecto divino.

Utilización de la rueda de Hécate

La rueda de Hécate es uno de los principales símbolos de la diosa, ya que se utiliza para invocarla e implorar sus poderes. Es un símbolo muy popular entre los wiccanos y neopaganos. Hécate representa la energía femenina por su asociación con las tres etapas de la feminidad y la energía de la luna. Por este motivo, las mujeres pueden invocar a la diosa durante cualquier etapa de su vida.

Además de ser un símbolo del conocimiento divino, la rueda también representa el viaje del espíritu humano. Cada persona debe atravesar cada parte del símbolo experimentando los altibajos y complejidades de la vida bajo la guía y protección de Hécate hasta llegar a la etapa final, que es el centro de la rueda, y alcanzar finalmente la iluminación.

Hoy en día, la gente utiliza la rueda de Hécate con fines religiosos. Practicantes de diversas religiones, como el reconstruccionismo helénico, una tradición neopagana inspirada en las antiguas creencias griegas, también incorporan la rueda a sus prácticas. Muchas mujeres también llevan la rueda como joya, como collares o pulseras, o incluso se la tatúan en el cuerpo porque creen que puede traer riqueza, éxito y buena suerte a sus vidas al crear una conexión entre ellas y Hécate.

Datos sobre la rueda de Hécate

- Si ve a alguien que lleva la rueda, probablemente sea un practicante de las tradiciones diánicas de la wicca.
- Muchas feministas también llevan o usan la rueda porque está asociada con la triple diosa y las tres etapas de la feminidad.
- Las tres partes del laberinto siempre parecen girar. Esto representa el avance de la propia psique para conectar con la sabiduría divina.
- La rueda se llama a veces "iynx", y se puede utilizar como herramienta adivinatoria, como rueda devocional o para atraer el amor a su vida.
- A veces, los devotos colocan la rueda sobre sus cabezas y la dejan girar para crear un sonido que ahuyenta a los depredadores y aumenta su conciencia.

- En esencia, la rueda sirve como recordatorio de que Hécate está a su lado, guiándole en su viaje por el mundo físico.

La rueda de Hécate y el iynx

Aunque iynx es otro nombre para la rueda de Hécate, algunos sostienen que ambos son símbolos diferentes asociados a la diosa. "Iynx" deriva de "*iunx*", que en griego significa pájaro torcecuello, un tipo de pájaro carpintero que se alimenta de hormigas. Originalmente, la gente utilizaba la rueda del iynx para realizar hechizos. La rotación de la rueda produce un sonido similar a la llamada de un iunx.

La rueda del iynx se asocia con Afrodita y su hijo Eros, más conocido como Cupido y dios del deseo físico y la pasión. Ambos utilizaban la rueda para atraer a los amantes y unirlos. El iynx también se asocia con Hécate, como queda claro en uno de los poemas del poeta griego Teócrito. En él se cuenta la historia de una mujer que acudió a un hechicero y le pidió que le devolviera a su amante infiel. El hechicero utilizó la rueda del iynx para lanzar el conjuro e invocó a Hécate.

Es comprensible que uno se confunda cuando se invoca a Hécate en los hechizos de amor, ya que domina aspectos no relacionados con el romance. Sin embargo, muchas historias de la mitología y la literatura griegas hablan de cómo se invocaba a la diosa para que ayudara en asuntos del corazón.

La rueda del lince también se asocia con los funerales y la muerte, otra razón por la que se considera un símbolo de Hécate.

Perros

A menudo se representa a Hécate con perros. En la mitología griega, los perros ladraban por la noche para anunciar la llegada de la diosa a la tierra. También aúllan cuando ella o alguno de sus seguidores utiliza la magia. Incluso puede adoptar la forma de un perro.

Al principio, los perros de Hécate eran criaturas tranquilas y amistosas. Sin embargo, al igual que la diosa sufrió algunos cambios a lo largo de los años, también lo hicieron sus mascotas. Llegaron a representar espíritus enfadados o demonios. Al igual que ocurrió con el misterioso cambio de Hécate, nadie sabe exactamente por qué cambiaron también las representaciones de sus perros.

Se puede decir que los perros se parecen a Hécate, ya que también tienen lados oscuros y luminosos. Pueden ser criaturas peligrosas y temibles o proporcionar ayuda y protección.

Uno de sus perros era originalmente la reina troyana Hécuba. Tras la caída de Troya, Hécuba fue capturada, arrojada por un acantilado y murió en el acto. Hécate se compadeció de la reina muerta y la devolvió a la vida en forma de perro, que se convirtió en un fiel compañero de la diosa para toda la eternidad.

Hécate también se asocia con otros animales como:

- Jabalíes
- Serpientes
- Murciélagos
- Corderos
- Ovejas
- Caballos

Turón

Una de las amantes mortales de Zeus, Alcmena, estaba embarazada de su hijo Heracles. Cuando su esposa Hera se enteró, se puso muy celosa y quiso deshacerse del niño antes de que naciera. Envió a las hermanas Moiras (las Parcas) y a Eileitia, la diosa del parto, para que cerraran el vientre de Alcmena. Cuando su sierva, Galinthias, descubrió lo que habían hecho las diosas, les mintió diciéndoles que Alcmena ya había dado a luz. Las Moiras y Eileitia cayeron en el engaño y soltaron su control sobre el vientre de Alcmena, que dio a luz. La castigaron convirtiéndola en turón cuando descubrieron que Galinthias les había mentido.

Galinthias llevaba una vida terrible como turón. Tenía que esconderse en sucios agujeros y luchaba por sobrevivir. Cuando Hécate se enteró del destino de la pobre doncella, se compadeció de ella. Intentó revertir la maldición, pero fracasó y convirtió a la turón en uno de sus asistentes sagrados.

Llaves

A menudo se representa a Hécate sosteniendo llaves, por lo que se la describe como la guardiana de las llaves. Se cree que son las llaves del universo que pueden desvelar sus misterios, magia y poderes curativos. Otros estudiosos sostienen que son las llaves de las encrucijadas. Como es la diosa de las encrucijadas y las vigila, las guarda para protegerlas y evitar que entre el peligro. También se cree que son las llaves del inframundo, donde ella tiene el dominio. Hécate utiliza esta llave para desvelar los misterios del más allá y los secretos de lo oculto.

Durante ciertos rituales, las sacerdotisas de Hécate suelen llevar llaves para representar el papel de la diosa como guardiana de las llaves.

Todo el mundo utiliza llaves para abrir el coche, la casa, la oficina, etc., y algunos incluso las usan en su decoración o las llevan como joyas. Si considera que estas llaves son símbolos de Hécate, podrá sentir constantemente que ella está con usted y le proporciona protección a través de uno de sus símbolos.

Encrucijada

Hécate es la diosa de las encrucijadas, así que, naturalmente, son uno de sus símbolos. Los límites pueden causar limitaciones en su vida diaria y establecer obstáculos que debe superar para crecer. El papel de Hécate como diosa de las encrucijadas es mediar en estos límites.

Las encrucijadas también pueden representar las muchas elecciones diarias, como qué camino tomar, a qué trabajo presentarse o qué decisiones tomar. Las encrucijadas también se asocian con el futuro, el presente y el pasado. En su forma triple, Hécate puede ver cada una de las tres encrucijadas, que representan el pasado, el presente y el futuro. Por lo tanto, está en una posición perfecta para proporcionar orientación y ayudar a tomar mejores decisiones.

Forma triple

Hécate es una diosa triple. Muchas de sus estatuas e ilustraciones la muestran en su forma triple. Al igual que Hermes, el mensajero de los dioses, la gente colocaba sus estatuas cerca de las fronteras y los cruces de caminos en la antigua Grecia para alejar la desgracia, el daño y el mal.

Dagas

En la época moderna y entre los neopaganos, Hécate se representa con tres antorchas, seis brazos y símbolos sagrados: Una daga, una cuerda y una llave. La daga simboliza el dominio de la diosa sobre la magia y la brujería. También se utiliza para ahuyentar a los malos espíritus y realizar hechizos rituales. Para los seguidores de Hécate, la daga puede llevarles a confiar en su voz interior y en su juicio, proporcionarles poder y protegerles de las ilusiones.

Cuerdas

Hécate suele llevar una cuerda, que representa el cordón umbilical, símbolo de renovación y renacimiento. La cuerda también recibe el nombre de azote o cordón.

Triple luna

Como diosa de la triple luna, Hécate está asociada con el lado oscuro de la luna. Si recuerda de la clase de ciencias, la luna es un cuerpo oscuro, y su luz refleja la luz del sol. Hécate representa la oscuridad de la luna en su verdadera forma, especialmente durante la fase de luna nueva.

Antorchas

Se suele representar a Hécate sosteniendo dos antorchas, una en cada mano, para representar su papel de protectora y guía. Iluminaba el camino de quienes se enfrentaban a obstáculos y dificultades en su jornada diaria para que pudieran ver con claridad y llegar a su destino.

Sus antorchas aparecen en algunas leyendas. Por ejemplo, durante la guerra entre los gigantes y los dioses del Olimpo, utilizó su antorcha para matar al gigante Clytius y ayudar a los dioses a ganar la guerra.

Las antorchas son algunos de los símbolos más significativos de Hécate, que la hacen poderosa y aumentan sus misterios y contradicciones. Para ser una diosa asociada a los aspectos oscuros de la vida, como el inframundo y el lado oscuro de la luna, también es una fuerza de luz.

Siempre puede invocar a Hécate para iluminar la oscuridad que lleva dentro o cuando se enfrenta a obstáculos y busca a alguien que le muestre el camino e ilumine sus oscuros senderos.

Serpientes

En varias ilustraciones, Hécate aparece con una serpiente en la mano. En la antigua Grecia, las serpientes se asociaban con la nigromancia y la magia. Se utilizaban en hechizos para detectar la presencia de un espíritu.

Media luna

La media luna ha sido un símbolo de Hécate desde la época romana. Por aquel entonces, la gente la consideraba principalmente una diosa de la luna, así que la media luna se convirtió en su símbolo para significar su conexión con la luna.

Búhos

En algunas ilustraciones, Hécate aparece rodeada de búhos, que simbolizan la sabiduría. Aunque no es la diosa de la sabiduría, se la asocia con ella. Para empezar, como diosa de las encrucijadas, puede ver el pasado, el presente y el futuro, y posee conocimientos sobre cada etapa de la vida. También tiene acceso a la sabiduría divina que difunde entre la gente, por lo que tener búhos como símbolo representa estos diferentes aspectos de la diosa.

Sauces

Hay muchos símbolos asociados a los sauces. Significan supervivencia, adaptabilidad, esperanza, crecimiento, cambio y nuevos comienzos. Dado que Hécate es la diosa de las encrucijadas, representa los nuevos comienzos y el cambio, lo que convierte al sauce en su símbolo ideal.

La diosa también está asociada a otras plantas.

- Calabazas
- Grosellas
- Pasas
- Azafrán
- Espino negro
- Tejo oscuro
- Arboledas

Aromas

Como Hécate es la diosa de la luna y está asociada con la noche, a menudo se la llama la " reina de la noche". Esto hace que la flor de la reina de la noche sea un símbolo apropiado de la diosa. Las flores son tan misteriosas como Hécate porque florecen simultáneamente, lo que las hace bastante intrigantes. En algunas culturas, si se reza a una deidad o se pide un deseo mientras la reina de la noche está floreciendo, el deseo o la oración se hará realidad.

Otros aromas que se asocian con Hécate:

- Verbena de limón
- Lima
- Miel
- Artemisa
- Mirra
- Canela

Colores

Hécate se asocia con el color negro. Esto tiene sentido para una diosa que representa la noche, la oscuridad, el inframundo y la muerte. El negro también es un color misterioso, por lo que encaja perfectamente con la intrigante diosa.

Hécate también se asocia con el rojo-naranja, el amarillo-naranja y el naranja.

Metales y gemas

Las piedras luminosas y oscuras simbolizan a Hécate, ya que representan los aspectos oscuros de la personalidad de la diosa.

Las gemas y metales con los que se asocia a Hécate incluyen:

- Cuarzo ahumado
- Hematites
- Ónix negro
- Turmalina negra
- Piedra de luna
- Oro
- Plata
- Zafiro

Ejercicio práctico

Ahora que ya conoce los símbolos de Hécate, intente dibujar los suyos propios. Puede dibujar la rueda en cualquiera de sus formas o crear algo a partir de su imaginación utilizando cualquiera de sus símbolos. No busque ideas en Google; déjese guiar por su intuición y dibuje lo que le parezca correcto. Sitúese en una habitación tranquila, sin distracciones, coja una hoja de papel en blanco, sujete un bolígrafo o un lápiz y empiece a dibujar.

Los símbolos de Hécate reflejan las muchas contradicciones y misterios que rodean a la diosa. Se la asocia con colores y metales oscuros y con el lado oscuro de la luna, pero se la representa con una antorcha en la mano para iluminarla y guiarla. Sus símbolos también muestran su importante papel en la vida. No es solo la diosa de la brujería y el inframundo. Sin embargo, tiene el poder de transferir el conocimiento divino entre la humanidad y puede ver el futuro.

Hay muchas facetas de la personalidad de Hécate y diferentes aspectos de su culto. Se pueden utilizar sus símbolos para lanzar hechizos, buscar guía, pedir protección, rezar por sabiduría y muchas otras cosas. Hécate es algo más que una diosa oscura asociada a la brujería; también puede ser una fuerza de luz, que ayuda a superar obstáculos e ilumina los caminos más oscuros.

Capítulo 4: Conexión con Hécate

Ahora que conoce a Hécate y sus asociaciones, probablemente esté ansioso por entrar en contacto con ella. Este capítulo le ayudará a explorar diferentes métodos de conexión: Desde viajar hacia ella y encontrarla en la encrucijada hasta meditar con ella y expresar su gratitud por su presencia, pasando por técnicas de atención plena que os unirán a los dos. Explorará todas las formas significativas de vincularse con Hécate, preparándole para otras técnicas prácticas de trabajo con la diosa (que se describirán en los capítulos siguientes).

Advertencias importantes

Antes de adentrarse en el aspecto práctico del trabajo con Hécate, debe tener en cuenta algunas cosas. La primera es su **salud mental**. La brujería y los rituales requieren una intensa concentración y fuerza mental. No solo eso, sino que trabajar con Hécate también significa que usted experimentará cambios en su vida, lo que puede hacerle vulnerable a influencias negativas. Recuerde que es una diosa increíblemente poderosa y una bruja que puede proporcionarle mucho poder espiritual y mágico, pero debe estar preparado para aceptarlo. Debe ser capaz de alejar las energías negativas para superar sus dificultades.

Todo esto solo es posible si tienes una buena salud mental. Si ya tiene problemas de salud mental, es probable que no pueda concentrarse en sus intenciones. En el mejor de los casos, no podrá conectar con Hécate. Solo desperdiciará su energía mental cuando podría haberla utilizado para la curación mental y espiritual. En el peor de los casos, tendrá una mala experiencia (como visiones y sueños perturbadores), lo que contribuirá aún más al deterioro de su salud mental.

Por lo tanto, si ha experimentado problemas de salud mental en el pasado, céntrese en su curación antes de intentar establecer contacto con Hécate. Entre los síntomas a tener en cuenta se incluyen la falta de sueño y otros trastornos del sueño, problemas de memoria, fatiga, depresión y ansiedad. Además, si nota alguno de estos síntomas después de haber empezado a trabajar con Hécate, deténgase y busque ayuda de un profesional médico para tratar sus síntomas. No continúe hasta que haya mejorado su bienestar mental.

El siguiente factor a tener en cuenta es la seguridad **contra incendios.** Trabajar con Hécate a menudo requiere el uso de velas, pequeñas antorchas u otras fuentes de fuego. Nunca deje las llamas desatendidas. Si ha terminado con ellas durante un rato y piensa abandonar el espacio, apague el fuego. Puede volver a encenderlo cuando regrese y dedicar tiempo a supervisarlo de nuevo. Otra razón para dejar las llamas encendidas durante largos periodos es que los rituales para los que las necesita requieren concentración. Una vez que la concentración decae, el trabajo se vuelve ineficaz. Volver a encender las llamas es más eficaz cuando regresa con la mente fresca y está preparado para centrarse de nuevo en su intención. Evite utilizar fuentes de fuego abiertas cerca de niños pequeños, mascotas o en espacios sin ventilación. La concentración que requiere el trabajo mágico puede desviar su atención de la supervisión de las mascotas o los niños. Esto puede impedir que pueda detenerlos si se acercan demasiado a las llamas. Trabajar con llamas en un espacio ventilado forma una mejor conexión con Hécate. Por no mencionar que es mucho más seguro para usted, su hogar y los que le rodean. El fuego utiliza oxígeno, que también necesitará. Trabajar en un espacio ventilado le proporcionará mucho oxígeno, y con todo ese oxígeno recorriendo su cuerpo y su mente, podrá concentrarse mejor.

Por último, debe tener en cuenta que trabajar con Hécate requiere el **uso de hierbas.** Aunque las hierbas que utiliza la diosa tienen beneficios para la salud, también pueden tener efectos adversos. Consulte siempre a un profesional de la salud antes de ingerir cualquier hierba o usarla de forma tópica. Lo mismo se aplica a los aceites esenciales, que contienen compuestos herbales en forma concentrada, por lo que pueden tener un efecto aún mayor sobre la salud. Cuando hable con su médico, farmacéutico o herbolario experimentado sobre las hierbas o mezclas de hierbas que piensa utilizar, mencione si padece alguna enfermedad preexistente. Algunas enfermedades representan una contraindicación para las hierbas utilizadas cuando se trabaja con Hécate. Si experimenta algún efecto secundario como: Irritación de la piel, náuseas o cambios en la respiración, presión arterial o arritmia cardiaca después de ingerir o aplicar tópicamente las hierbas, busque atención médica inmediata. Deje de utilizar las hierbas en cualquiera de sus formas hasta que se resuelvan sus problemas de salud.

Ahora que los descargos de responsabilidad están fuera del camino, puede profundizar en las diferentes técnicas para conectar con Hécate. Como esta será su primera vez contactando y trabajando con la diosa, los siguientes enfoques tienen un formato de meditación. Está demostrado que las técnicas de meditación y atención plena mejoran la concentración. Le enseñarán a concentrarse en su intención en futuros trabajos. A continuación se presentan algunos enfoques para vincularse con Hécate y consejos para hacer que funcionen para usted. Recuerde que el trabajo con la diosa de la transformación es muy personal. Aunque seguir las técnicas que se indican a continuación puede ser una buena forma de empezar, solo tendrán plenos efectos si las hace suyas.

Viaje para conocer a Hécate

Esta meditación le ayudará a encontrarse y comunicarse con Hécate en su encrucijada sagrada. Permanecerá en un lugar durante 8-10 minutos, así que asegúrese de encontrar una posición cómoda y apoyo para la espalda si es necesario. He aquí cómo iniciar el viaje para encontrarse con Hécate:

1. Colóquese en una posición cómoda, preferiblemente sentado con las piernas cruzadas. También puede tumbarse sobre una esterilla. Apoye la mano en las piernas y asegúrese de que la espalda está relajada.
2. Respire profundamente tres veces. Al hacerlo, utilice los músculos abdominales. Así, su respiración será aún más profunda. Cada vez que inhale, exhale lentamente con un suspiro largo y audible.
3. Después de la tercera exhalación, examine su cuerpo para ver si está relajado y cómodo o necesita ajustar su posición.
4. Cierre los ojos e imagínese caminando por un sendero oscuro y con gravilla en una noche tranquila. Visualice una luna menguante que se eleva sobre las líneas de árboles. Solo puedes oír el sonido de la noche, grillos en los arbustos cercanos y la llamada de un búho que le llega desde un árbol lejano.

5. Siga caminando con confianza hacia adelante en su visión, y trate de disfrutar de la soledad y la compañía del sonido que hace crujir la grava bajo sus pies. Hace frío, y puede ver las pequeñas bocanadas que hace su respiración en el frío del aire del atardecer.

6. Mientras camina, imagínese una luz parpadeante delante de usted. A medida que se acerque, verá la luz procedente de una antorcha que marca el cruce. Cuanto más se acerque, más detallada será la imagen. Puede ver ofrendas dejadas por otros devotos en el poste indicador.

7. A continuación, visualice una pequeña ofrenda que lleva en las manos. Puede ser un pequeño paquete de pan casero, una manzana o cualquier otra cosa que se le ocurra.

8. Al llegar a la encrucijada, el viento se levanta, arrastrando un remolino de caminos a través de la encrucijada. Deténgase un momento para contemplar la cautivadora escena. Acérquese a la zona de las antorchas lo más silenciosamente posible.

9. Respire hondo y deje su ofrenda mientras reza en silencio una oración a Hécate. Mientras lo hace, empiece a centrarse en su entorno. Aunque está perfectamente cómodo estando solo por la noche, de repente percibe una fuente de energía en el aire.

10. Mientras intenta averiguar de dónde procede la energía, de repente oye aullidos de perros. El viento se hace aún más fuerte, haciéndole jadear mientras se arremolina a su alrededor, y lucha por ver qué está ocurriendo. Siente que la tierra tiembla bajo sus pies y oye un profundo estruendo. Si se siente inestable, visualícese agarrado al poste indicador para mantenerse erguido.

11. Ahora, imagine que el ruido y los vientos se desvanecen y que la noche vuelve a ser silenciosa y apacible. Su ofrenda está ahora en el suelo. Sin embargo, al girar lentamente, se da cuenta de que no está solo.

12. A continuación, visualice un gran perro negro que corre hacia usted y le saluda afectuosamente. Siéntase libre de acariciar al perro y jugar con él, entregándose a la risa que el espíritu libre de los animales suele provocar en las personas. Mientras le rasca las orejas al perro, este le indica de repente que alguien se acerca, una mujer vestida con una elaborada capa negra con capucha.

13. Mientras ve a la mujer acercarse silenciosamente sobre sus pies calzados con sandalias, un búho vuela y se posa graciosamente en

lo alto del poste indicador. Le mira con los ojos muy abiertos y se eriza las plumas. Nervioso, se prepara para saludar a la mujer inclinando la cabeza. Tras saludarla, alza la vista y descubre que se trata de una mujer de mediana edad y aspecto regio que lleva una corona de plata. Sin embargo, mientras continúa mirándola, su rostro comienza a cambiar: Primero a una mujer joven, luego a una mucho mayor con el pelo blanco.

14. Concéntrese en los ojos de la mujer, son negros e irradian una sabiduría atemporal. Visualícela saludándole y dándole las gracias por visitarla en su lugar sagrado. Aunque pueda parecer intimidante, intente no tenerle miedo. Así se sentirá más segura de que no le traerá la muerte ni la desgracia. Por el contrario, ella le asistirá a través de cualquier cambio que le sobrevenga y le acompañará a la siguiente etapa de su vida.

15. Imagínesela regalándole llaves de árboles. Estas representan el conocimiento, la intuición y la magia. Hécate le ordena que guarde estos regalos cerca de su corazón y que no dude en llamarla cuando la necesite. Sienta el calor que recorre su cuerpo cuando eleve las llaves hacia su corazón y susurre su agradecimiento.

16. Por último, visualice a Hécate dándose la vuelta y alejándose lentamente de usted, acompañada por su perro y su búho. Una niebla parece engullirlos mientras deja que su imagen desaparezca de su vista. La última imagen de su visión debe ser la del poste indicador, si alguna vez desea volver allí, le estará esperando.

17. Respire hondo, volviendo a conectarse a tierra, y deje que el viaje le lleve de vuelta a casa. Cuando vuelva a su habitación, vuelva a centrar su atención en la respiración. Respire lenta y sonoramente tres veces para volver a la normalidad. Haga un estiramiento y, cuando se sienta preparado, abra los ojos y vuelva lentamente a sus actividades cotidianas.

Meditar sobre un símbolo

La meditación le permite conectar con Hécate[17]

Una de las formas más fáciles de conectar con Hécate es a través de uno de sus símbolos. Dibújelo en un trozo de papel y medite con él para acercar la energía de la diosa a usted. A continuación le explicamos cómo hacerlo:

1. Empiece por adoptar una postura cómoda en una habitación tranquila por la noche. Asegúrese de que no será molestado durante al menos 10-15 minutos antes de comenzar su meditación.

2. Tome el símbolo de su mano y salude a la diosa:

    "Diosa Hécate, reina de todas las brujas

    Anfitriona del inframundo y de lo invisible

    Guardiana de las encrucijadas y los lugares liminales

    Reina de los espacios muertos y transformadores

    Alma de los animales nocturnos y de la luz de la luna

    Le saludo esta noche".

3. Visualice el símbolo ante sus ojos (o siga mirándolo en el papel, lo que le ayude más).

4. Respire un poco y concéntrese en sentir una potente fuente de energía que emana del símbolo.

5. Sienta que la energía de la diosa le llega, envuelve su cuerpo y transporta los dones de Hécate. Sienta que le da poder, que le prepara para sus retos posteriores y que le eleva espiritualmente.

6. Continúe concentrándose en la energía del símbolo hasta que se sienta preparado para completar su meditación.

7. Cuando esté preparado, deje que la imagen del símbolo con la energía se desvanezca (y deje que el papel caiga de sus manos si lo estaba sosteniendo).

8. Exhale profundamente y deje que su mente vuelva a sus pensamientos mundanos.

Meditación en la oscuridad

Esta meditación nocturna se centra en abrazar el hogar oscuro de Hécate e invitarla a entrar en su mundo. Como con cualquier otra técnica de meditación o de atención plena, empiece por ponerse cómodo en un lugar donde no le molesten. A efectos prácticos, se recomienda elegir un lugar cerca de su altar donde pueda colocar una vela y encenderla para Hécate. A continuación le explicamos cómo realizar esta mediación:

1. Después de encender una vela, apague todas las luces y asuma una posición cómoda, respire profundamente.

2. Al exhalar, suelte cualquier tensión que sienta en su cuerpo y permita que su mente se sumerja en un estado de relajación y tranquilidad.

3. Concentrándose en la llama de la vela, deje que sus pensamientos cotidianos se alejen. Visualícelos flotando hasta que no pueda verlos con el ojo de su mente.

4. Vuelva a respirar lenta y profundamente y concéntrese en sentirse seguro en el aquí y ahora mientras se prepara para viajar a la noche profunda. Allí, se encontrará con Hécate y revelará las partes más profundas de sí mismo.

5. Imagínese envuelto en un largo manto, sintiéndose segura bajo la protección de la diosa. Al apartar la mirada de su manto de terciopelo negro, de repente se ve en un prado exuberante, verde y terroso por la noche. Empieza a explorar el prado mientras le acompañan los sonidos de la noche.

6. Visualice una entrada en un árbol cercano al prado. Al acercarse a la entrada, verá cinco escalones que conducen a una puerta custodiada por tres perros negros. A medida que usted descienda los escalones, empezará a sentir que la energía divina se acerca a usted, haciéndole más confiado en su propósito.
7. Cuando llegue a la entrada, entre en su mente y busque recuerdos dolorosos que desee dejar atrás. Reconociendo cada uno, ofrezca estos recuerdos a los perros guardianes.
8. Se sentirá más ligero cuando vea a los perros enterrar sus recuerdos en lo más profundo de la tierra. Los animales le permiten pasar y encontrarse con Hécate.
9. Imagine a la diosa frente a usted, vestida con la misma túnica negra que uste, el símbolo de su energía residiendo dentro de usted. Ella le ofrece su protección y usted la acepta. Observe su imagen y sepa que, al igual que ella sobrevivió a muchos desafíos, usted también lo hará hasta que termine el viaje de su alma en esta vida
10. Antes de irse, ofrézcale a la diosa una pequeña muestra de gratitud. Puede ser un pensamiento de inutilidad, prejuicio o cualquier emoción negativa que quiera dejar atrás. Imagine que Hécate deposita estos pensamientos y sentimientos en un caldero azul, donde desaparecen en el humo de la magia que está preparando.
11. Para llenar el espacio dejado por los pensamientos y emociones negativos, Hécate le ofrece sus bendiciones. Acéptelas y sienta cómo su cuerpo y su mente se relajan y se sienten seguros al recibirlas.
12. Cuando su energía se filtre en su secreto más oscuro, respire profundamente tres veces y deje que las emociones que acompañan al secreto se liberen. Abrace cualquier emoción que sienta: Tristeza, rabia, ansiedad, etc. En el aquí y ahora.
13. Ahora imagine estos sentimientos como habitaciones en su conciencia. A medida que la magia de la diosa sigue emanando hacia su cuerpo y mente, llegan a las habitaciones oscuras, tragándose las emociones negativas y sin dejar nada atrás.
14. Continúe recordando los efectos de la energía curativa hasta que esté listo para regresar. A continuación, respire lenta y tranquilamente tres veces y agradezca a Hécate sus dones y su

curación. Aléjese de la diosa y vuelva a subir las escaleras a través del prado, trayendo lentamente su conciencia de vuelta al presente.

15. Cuando esté preparado, abra los ojos y siéntase revitalizado y lleno de energía positiva.

Lectura del himno órfico a Hécate

Leer el himno órfico a Hécate (lo encontrará en el capítulo extra) es otra forma espléndida de expresar su intención de encontrarse con ellos y trabajar con ellos. He aquí cómo ofrecer este himno en unos sencillos pasos:

1. Encienda una vela morada en su altar. Coloque ofrendas y símbolos de la diosa alrededor de la vela. Conserve el texto del himno a su alcance.
2. Póngase cómodo delante del altar. Su mirada se clavará en la vela y concéntrese en relajar la mente y el cuerpo.
3. Inhale profundamente unas cuantas veces y, a continuación, empiece a leer el himno. Hágalo despacio y, cuando llegue al final, haga una pausa y vuelva a mirar la llama de la vela. Repítalo dos veces más.
4. Cuando termine la última repetición, ya habrá caído la noche y estará listo para irse a la cama. Mientras lo hace, prepárese para un sueño reparador con las bendiciones de la diosa.

Meditación de Hécate en un umbral

Meditar en un umbral es la forma más fácil de llegar a la encrucijada sagrada de Hécate como principiante. Asegúrese de que el umbral que está utilizando es tranquilo para que pueda concentrarse en el ejercicio sin interrupción. He aquí cómo meditar con Hécate en un umbral:

1. Comience al anochecer. Es un momento de transición en el que el poder de la diosa es más fuerte. Apague todas las luces y aparatos electrónicos cercanos, y siéntese cerca del umbral. Apoye la espalda en algo que la sostenga y coloque un cojín detrás. También puede cubrirse con una manta acogedora, ya que puede refrescar.
2. Inhale profundamente y cierre los ojos. Cuando esté preparado, imagínese caminando cuesta arriba hacia un hermoso paraje

natural. A pesar de la oscuridad que se aproxima, puede ver que la hierba es de un verde vivo, al igual que la copa de los árboles.

3. Siente una ligera brisa y el aroma del bosque mientras camina fácilmente hacia los árboles. Al pasar junto a ellos, más adelante, verá una luz que viene de más allá de los árboles. Imagínese caminando hacia la luz y llegando de repente a la cima de la colina, que también es un acantilado. Abajo, puede ver el océano oscuro.

4. En lugar de un camino empinado que descienda por el acantilado, imagine un camino suavemente curvado que conduce al océano. Tome este camino y sienta que se relaja a cada paso.

5. Cuando llegue al pie de la colina, sienta la arena bajo sus pies. Es suave y blanda, y mientras pasea por la playa, oiga el sonido de las olas al encontrarse con la arena.

6. Más adelante ve una cueva. Camine hacia ella y no tema entrar. Respire hondo si necesita calmarse. Sienta la energía tranquilizadora que emana de la cueva mientras la diosa le invita a entrar en su hogar.

7. Imagine que entra en una cueva muy iluminada. Cuando sus ojos se adapten a las luces, verá que la cueva es mucho más profunda de lo que parecía desde fuera. De las profundidades de la cueva emerge una figura femenina y llega a lo que se revela como la encrucijada

8. Véase a sí mismo sonriendo a Hécate mientras ella le devuelve la sonrisa y le abraza con su energía nutritiva. Al comenzar su viaje juntos, puede preguntarle a la diosa lo que quiere que sepa hoy. Si no está preparado para preguntarle nada, puede simplemente quedarse ahí, dejando que su presencia le relaje y le dé poder.

9. Deje que la imagen de Hécate desaparezca, pero puede permanecer en la encrucijada todo el tiempo que desee. Incluso puede dejarse llevar por el sueño si lo desea.

10. Cuando esté listo, salga de la cueva. Cuando salga, deje que los sonidos del océano le devuelvan a la realidad. Estire los brazos y abra los ojos cuando se sienta preparado.

Encuentro con la diosa

Este es otro método para encontrarte con la diosa. Es similar al viaje, pero mucho más sencillo. Sin embargo, requiere mucha concentración. He aquí cómo hacerlo:

1. Prepárese para ir a la cama. Además de prepararse, asegúrese de que su dormitorio sea un lugar lo más relajante posible, adecuado para una práctica relajante y para dormir después. Evite el uso de aparatos electrónicos al menos una hora antes de acostarse. De esta forma, su mente podrá relajarse lentamente y concentrarse en el ejercicio.
2. Cuando esté listo, apague las luces y túmbese. Siéntase cómodo y cierre los ojos.
3. Respire hondo varias veces hasta que sienta que su mente y su cuerpo se relajan.
4. Imagínese caminando lentamente por un túnel oscuro mientras invoca a la diosa. Véala aparecer ante usted al otro extremo del túnel.
5. Diga unas palabras de saludo y gratitud por su presencia.
6. Deje que la visión se desvanezca lentamente, respire hondo y permítase conciliar el sueño de forma natural.

Capítulo 5: Herbología de Hécate

En la mitología griega, la diosa Hécate era venerada como la reina de las brujas y la guardiana de las encrucijadas. Se decía que su poder se extendía más allá del reino físico y se adentraba en el espiritual, donde era conocida por guiar y proteger a aquellos que solicitaban su ayuda. Sin embargo, el aspecto más significativo del dominio de Hécate era su conexión con las hierbas y sus propiedades místicas. Según las leyendas, Hécate era experta en el conocimiento de las hierbas y creaba diversos brebajes herbales que podían provocar cambios extraordinarios en el mundo natural. Se decía que estas infusiones estaban llenas de la energía sagrada de Hécate, que podía utilizarse para curar o dañar, según las intenciones del practicante. Las hierbas asociadas a Hécate son la clave para liberar y manifestar la potente magia de la diosa bruja. Por ejemplo, la artemisa, una de las hierbas favoritas de la diosa, se quemaba a menudo como incienso durante rituales y ritos para invocar sus poderes.

Las personas que buscaban la guía y ayuda de Hécate en asuntos del corazón y el espíritu a menudo recurrían a hierbas asociadas con ella para comunicarse con la diosa. Se creía que ciertas plantas, como la mandrágora o la datura, podían abrir un canal de comunicación entre los reinos físico y espiritual, permitiendo conectar directamente con la diosa. En este capítulo, explorarás las muchas hierbas asociadas con Hécate y la intrincada red de mitos y magia que las rodea. Desde sus usos históricos hasta su utilización en rituales wiccanos modernos, se adentrará en el mundo de las hierbas y descubrirá los secretos del jardín místico de Hécate

Hierbas asociadas a Hécate

Las hierbas asociadas a Hécate son tan diversas como potentes. Se dice que cada una de ellas posee una conexión única con la diosa y su poder, lo que las convierte en una parte crucial del kit de herramientas de cualquier practicante. Entre ellas se incluyen:

1. Tejo

El tejo es un árbol con una larga historia de asociación con la magia y el misticismo. Debido a sus potentes propiedades y a su significado simbólico, muchas culturas lo han considerado sagrado. En las culturas wicca y hecateana, el tejo es una planta particularmente poderosa que tiene una conexión especial con la diosa Hécate. El tejo simboliza la muerte y el inframundo. En la mitología griega, se creía que el tejo era sagrado para Hécate porque crecía cerca de la entrada al inframundo. El tejo se consideraba un portal entre los reinos físico y espiritual y un conducto para comunicarse con la diosa. Históricamente, el tejo se ha utilizado en varias culturas como medio de adivinación y protección. Los druidas de la antigua Gran Bretaña consideraban el tejo un árbol sagrado y utilizaban sus ramas en sus prácticas mágicas. Los antiguos celtas también creían que tenía el poder de proteger contra los malos espíritus y las maldiciones.

El tejo se asocia con el misticismo [19]

En la actualidad, el tejo se sigue utilizando en diversas formas de hechizos y rituales. Una forma popular de utilizar el tejo es crear una mezcla de incienso que puede quemarse durante las ceremonias en honor a Hécate o para invocar su poder. Para hacer una mezcla de incienso de tejo, combine hojas secas de tejo con otras hierbas y resinas asociadas a la diosa, como la artemisa, el incienso y la mirra. Otra forma de incorporar el tejo a su práctica mágica es crear una bolsa protectora. Para ello, talle un pequeño trozo de madera de tejo con una forma que represente a Hécate o uno de sus símbolos, como una llave o una antorcha. Coloque la madera tallada en una bolsita junto con otras hierbas y cristales protectores, como la turmalina negra o la salvia. Esta bolsita puede llevarla consigo o colocarla en una zona específica de su casa para crear una barrera protectora.

2. Ciprés

El ciprés es uno de los árboles más enigmáticos e intrigantes del mundo natural. Se yergue alto e imponente, en marcado contraste con los suaves sauces llorones que se mecen con la brisa. Durante siglos, el ciprés ha estado vinculado a la diosa Hécate, y su simbolismo y mitología lo convierten en un poderoso complemento para cualquier práctica mágica. Este árbol se asocia a menudo con el concepto de transformación, sobre todo en lo que respecta al herbolario de Hécate. En la mitología griega, se creía que Hécate era la diosa de las transiciones, la guía y protectora de las almas en su paso de un mundo al otro. Con su silueta alta y oscura, el ciprés se consideraba un símbolo de este viaje, ya que sus raíces se adentraban en el inframundo.

El ciprés se asocia con la transformación[19]

El ciprés es un árbol vinculado desde hace mucho tiempo al concepto de purificación. Antiguamente, la gente quemaba su madera y sus agujas para limpiar sus casas y protegerse de las energías negativas. Hoy en día, el aceite esencial de ciprés se sigue utilizando en muchas prácticas espirituales y mágicas para purificar y limpiar el entorno. Este aceite puede añadirse al agua del baño, difundirse en una habitación o utilizarse en un espray limpiador casero. Al ciprés también se le atribuyen propiedades protectoras, por lo que es un ingrediente popular en muchos hechizos y rituales. Su energía se considera especialmente poderosa en asuntos del corazón y las relaciones. Algunos practicantes utilizan su aceite para crear un amuleto protector para un ser querido o para promover el amor propio y la curación.

Si quiere incorporar el ciprés a su práctica mágica, hay muchas formas de hacerlo. Puede crear un altar dedicado a Hécate y adornarlo con ramas, conos y velas de ciprés. También puede utilizar su madera para crear una varita o un bastón con el que canalizar la energía transformadora de la diosa. Para un toque más sutil, simplemente, lleve un trozo de madera de ciprés en el bolsillo para mantener la energía de la diosa cerca de usted durante todo el día.

3. Hamamelis

El hamamelis, también conocido como flor de invierno, es un arbusto en flor que se asocia con la diosa Hécate en su papel de sanadora y protectora. El hamamelis se ha utilizado durante mucho tiempo en la medicina tradicional por sus propiedades antiinflamatorias, astringentes y calmantes, lo que lo convierte en un poderoso complemento para cualquier práctica mágica. La asociación de Hécate con el hamamelis está vinculada a sus propiedades curativas y a su capacidad para limpiar y purificar. Los antiguos practicantes de magia invocaban a menudo a la diosa para que ayudara a curar a los enfermos y heridos, y el hamamelis se utilizaba en muchos de estos rituales curativos. Sus propiedades astringentes se utilizaban para tratar afecciones cutáneas, mientras que sus propiedades antiinflamatorias se empleaban para reducir la hinchazón y el dolor.

El hamamelis limpia y purifica[20]

En el herbolario de Hécate, el hamamelis también se asocia con la protección y el destierro de la energía negativa. Sus propiedades purificadoras purifican los espacios y eliminan cualquier energía o espíritu no deseados. Las ramas y hojas del arbusto pueden crear una barrera protectora o alejar a los espíritus malignos del hogar. Si desea incorporar el hamamelis a su práctica mágica, hay muchas formas de hacerlo. Puede preparar una infusión de hamamelis para hechizos curativos o para limpiar y purificar su hogar.

También puede utilizar las hojas y ramas del arbusto en un hechizo o amuleto de protección, llevándolo consigo para alejar la energía negativa y protegerse de cualquier daño. Puede crear un aerosol a base de hamamelis para hechizos de disipación mezclando extracto de hamamelis con aceites esenciales conocidos por sus propiedades disipadoras, como la salvia, el cedro o el romero. Simplemente, rocíe la mezcla alrededor de su casa o en su persona para desterrar la energía negativa y los espíritus.

4. Álamo negro

El álamo negro, también conocido como Populus nigra, es una especie de árbol muy asociada a Hécate, la diosa griega de la brujería, la magia y la noche. La relación de este árbol con la diosa se remonta a la antigüedad, cuando se creía que el susurro de sus hojas era la voz de la propia diosa. El álamo negro se asocia con la transformación, la renovación y los misterios de la muerte y el renacimiento. La estatura alta y esbelta del árbol, con sus raíces firmemente plantadas en el inframundo, simboliza la conexión de la diosa con el mundo espiritual y los misterios del más allá. También se creía que el álamo negro era una fuente de adivinación, ya que sus hojas y ramas se utilizaban para hacer pronunciamientos oraculares.

El álamo negro se utiliza para la transformación y la renovación[21]

Históricamente, el álamo negro se utilizaba en diversos rituales y hechizos mágicos, sobre todo los relacionados con la transformación y la renovación. Con su corteza y sus hojas se preparaban tés, tinturas y cataplasmas para ayudar en la curación y en las transiciones vitales, como el nacimiento, la muerte y el despertar espiritual. La madera del árbol también se utilizaba para crear varitas, que se creía ayudaban al practicante a conectar con las energías de la transformación y el cambio. Hoy en día, el álamo negro se sigue utilizando en prácticas mágicas para ayudar a la transformación y la renovación. Sus hojas pueden secarse y quemarse como incienso para ayudar en la meditación y conectar con la energía transformadora de la diosa. La corteza y las hojas también se pueden utilizar para crear té, que se puede consumir para ayudar en la curación espiritual y ayudar con las transiciones en la vida.

5. Ajo

Con su potente aroma y sus poderosas propiedades, el ajo se asocia desde hace mucho tiempo con Hécate. En la tradición herbal de Hécate, el ajo es conocido como una hierba protectora que puede desterrar la negatividad y los malos espíritus. En la antigüedad, se creía que el ajo era un arma potente contra las fuerzas oscuras y los espíritus malévolos. Se creía que su fuerte aroma era perjudicial para los seres malignos y que podía ahuyentarlos. Por eso se colocaba en la entrada de las casas o se colgaba en las ventanas para alejar las energías negativas.

El ajo se utiliza para alejar a las fuerzas oscuras y a los espíritus[22]

En la magia de Hécate, el ajo se utiliza para proteger al practicante de cualquier daño y para desterrar la energía negativa. Se dice que su penetrante aroma limpia el aire de negatividad y crea una barrera protectora alrededor del practicante. Se puede utilizar en una gran variedad de trabajos mágicos, desde crear amuletos protectores hasta añadirlo a la comida por sus propiedades mágicas. Hoy en día, el ajo sigue siendo una poderosa herramienta en las prácticas mágicas modernas.

Puede utilizarse para crear saquitos o amuletos protectores, añadirse a baños purificadores o quemarse como incienso para crear una atmósfera protectora. También se puede utilizar en la magia culinaria, donde su sabor y propiedades mágicas se pueden incorporar a las recetas para promover la curación y la protección.

6. Lavanda

La lavanda, con sus suaves tonos morados y su delicada fragancia, es una hierba muy apreciada en el mundo de la magia y el folclore. Se dice que se asociaba con Hécate, la diosa griega de la brujería, por sus propiedades calmantes y su capacidad para tranquilizar la mente y el espíritu. En la herboristería de Hécate, la lavanda se utiliza a menudo en hechizos y rituales para promover la paz, la armonía y el equilibrio. Se dice que su suave energía alinea los chakras y calma la mente, lo que la convierte en una poderosa herramienta para la meditación y la adivinación. La asociación de la lavanda con Hécate también está vinculada a su conexión con la luna. A menudo se representa a Hécate como una diosa lunar, y se cree que la lavanda está regida por la luna. Se dice que las delicadas flores moradas de esta hierba representan el suave resplandor de la luna, mientras que sus propiedades calmantes reflejan la energía tranquilizadora de la luna.

La lavanda se utiliza para calmar y tranquilizar la mente [38]

Además de sus propiedades mágicas, la lavanda es una hierba muy popular en aromaterapia y fitoterapia. Se cree que su relajante fragancia tiene un efecto calmante sobre el sistema nervioso, lo que la convierte en un remedio popular contra la ansiedad, el estrés y el insomnio. Para incorporar la lavanda a su práctica mágica, puede utilizarla de varias formas, desde crear saquitos de hierbas hasta quemar velas con aroma de lavanda. También puede añadir lavanda al agua del baño para promover la relajación y crear una sensación de paz interior.

7. Mirra

La mirra, con su aroma picante y resinoso y su antigua historia, es una hierba poderosa en el mundo de la magia y la mitología. En la antigüedad, era muy apreciada por sus propiedades curativas y se utilizaba como moneda de cambio en algunas culturas. La mirra se asocia con el inframundo y el más allá en la tradición de las hierbas de Hécate. Su uso en ritos funerarios se remonta a la antigüedad, y a menudo se quemaba como ofrenda a los dioses. Como diosa de la brujería y guardiana de las llaves del inframundo, a menudo se invoca a Hécate en rituales relacionados con la mirra.

La mirra tiene poderosas propiedades curativas [14]

El simbolismo de la mirra también está ligado a sus poderosas propiedades curativas. A menudo se utiliza para desterrar las energías negativas y purificar la mente, el cuerpo y el espíritu. Favorece la curación, refuerza el sistema inmunitario y calma los nervios. La mirra es una hierba versátil que puede utilizarse de varias formas en su práctica mágica; puede quemarla como incienso para desterrar las energías negativas y crear una barrera protectora alrededor de usted o de su hogar. Puede añadirla a un baño de hierbas para promover la curación y la purificación.

8. Artemisa

La artemisa está profundamente ligada al mundo de la magia y la espiritualidad. Se ha utilizado durante mucho tiempo en muchas culturas por sus poderosas propiedades y a menudo se asocia con la diosa Hécate. En el herbolario de Hécate, la artemisa se considera una hierba protectora, especialmente para las mujeres y los viajeros. Potencia las capacidades psíquicas y abre el tercer ojo, lo que la convierte en una hierba popular para la adivinación y los sueños lúcidos. También se utiliza para ayudar en la proyección astral y mejorar la intuición.

La artemisa se utiliza a menudo en rituales lunares [25]

Simbólicamente, la artemisa se asocia con la luna y el elemento aire. Sus hojas plateadas y su textura suave y plumosa evocan la energía de la luna y la convierten en una hierba popular para los rituales lunares. Además, su cualidad ligera y aireada la hace útil para hechizos y rituales que implican movimiento y transformación. La artemisa es una hierba versátil que puede utilizarse de varias formas en su práctica mágica. Puede quemar artemisa como incienso para potenciar sus habilidades psíquicas y ayudar en la adivinación. Puede añadirla a una almohada de sueños para fomentar los sueños lúcidos o beberla como té para ayudar a la proyección astral.

9. Cardamomo

En el herbolario de Hécate, el cardamomo se considera una hierba de transformación y protección. Se dice que tiene el poder de disipar la energía negativa y atraer la energía positiva. Como especia muy valorada en la antigüedad, el cardamomo tiene una larga historia de uso en diversas formas de magia, incluyendo incienso y hechizos. Era una hierba popular en la antigua magia egipcia y griega y en la medicina ayurvédica. Se le atribuían propiedades curativas y se utilizaba para tratar diversas dolencias, como problemas digestivos y respiratorios. También se utilizaba como afrodisíaco y se creía que aumentaba la potencia sexual.

El cardamomo atrae la energía positiva.[26]

En la magia moderna, el cardamomo se utiliza a menudo en hechizos y rituales relacionados con la protección, la purificación y la transformación. Se dice que tiene el poder de disipar la energía negativa y atraer la positiva, lo que lo convierte en una valiosa herramienta para los practicantes espirituales. Puede quemarse como incienso o añadirse al agua del baño para purificar y limpiar el cuerpo y la mente.

10. Menta

En el herbolario de Hécate, la menta se considera una poderosa hierba de la luna y se asocia a menudo con la asociación de la diosa con el inframundo. Se cree que ayuda a conectar con las capacidades intuitivas y psíquicas y se utiliza a menudo en rituales de adivinación y exploración espiritual. La menta tiene una larga historia de uso en la medicina tradicional y la magia. Los antiguos griegos y romanos la utilizaban para tratar diversas dolencias, como problemas digestivos, dolores de cabeza y problemas respiratorios. También se utilizaba para refrescar el aliento y dar sabor a los alimentos.

La menta se utiliza en rituales y hechizos de adivinación e intuición [27]

En magia, la menta se utiliza a menudo en hechizos y rituales relacionados con la adivinación, la intuición y la exploración espiritual. Se cree que tiene el poder de conectar con el reino espiritual, lo que la convierte en una valiosa herramienta para los practicantes espirituales. Puede quemarse como incienso o utilizarse en hechizos para abrir las capacidades intuitivas y mejorar la conciencia psíquica. También se asocia con el elemento aire, que representa el poder de la comunicación y el intelecto. Esta asociación con el aire hace que la menta sea una herramienta valiosa para aquellos que buscan mejorar sus habilidades de comunicación o conectarse más profundamente con el reino espiritual.

11. Diente de león

El diente de león se asocia a menudo con la diosa griega Hécate y se ha utilizado en su herbolario durante siglos. La planta es venerada por su asociación con el inframundo y su capacidad para ayudar a conectar con el poder y la fuerza interiores. Se cree que las flores amarillas brillantes del diente de león representan el poder del sol, mientras que las semillas blancas y esponjosas representan el poder del viento. Esta combinación de energía solar y lunar convierte al diente de león en una poderosa herramienta de transformación y crecimiento, un aspecto clave de la asociación de Hécate con la magia.

Los dientes de león representan el poder del sol [28]

En la antigüedad, el diente de león se utilizaba como hierba medicinal para tratar diversas dolencias, como problemas hepáticos, digestivos y cutáneos. También se utilizaba en rituales de adivinación para ayudar a los practicantes a conectar con el reino espiritual y comprender su futuro. En el herbolario de Hécate, el diente de león se utiliza a menudo para mejorar la intuición, aumentar las capacidades psíquicas y fomentar el crecimiento y la transformación personal. Se cree que esta hierba ayuda a eliminar viejos patrones y hábitos, permitiendo que emerja un yo más auténtico y empoderado. También se utiliza en hechizos y rituales de protección, ya que su asociación con el inframundo y el sol ofrece una poderosa protección contra las energías y entidades negativas. Puede quemarse como incienso, añadirse a bolsitas o saquitos de hechizos, o utilizarse en baños espirituales para promover la purificación y la protección.

12. Eléboro

El eléboro se asocia desde hace mucho tiempo con la diosa griega Hécate y su magia. Se dice que posee poderosas energías que pueden utilizarse para provocar la transformación, la protección y la conexión con el reino espiritual. La planta del eléboro se ha utilizado en remedios medicinales durante miles de años y se consideraba una cura para muchas dolencias, como la locura, la melancolía y la fiebre. Sin embargo, su uso en prácticas mágicas es donde entra en juego su asociación con Hécate.

El eléboro se utiliza por sus cualidades protectoras [29]

En el herbolario de Hécate, el eléboro se utiliza a menudo por sus cualidades protectoras. Se cree que aleja las energías, entidades y espíritus negativos, por lo que es un ingrediente importante en hechizos y rituales de destierro y protección. También se asocia con la transformación y el renacimiento y se utiliza en hechizos y rituales para ayudar a las personas a liberarse de viejos patrones y abrazar nuevos comienzos. Es una herramienta poderosa para quienes buscan conectar con el reino espiritual y la sabiduría de la diosa.

Además de sus propiedades protectoras y transformadoras, el eléboro se asocia con la adivinación y la profecía. Potencia la intuición y las capacidades psíquicas, lo que la convierte en una hierba ideal para quienes buscan desarrollar sus dones espirituales. Sin embargo, es importante tener en cuenta que el eléboro es venenoso y no debe ingerirse fresco. Solo debe utilizarse en su forma seca o como infusión en baños o lavados espirituales.

Estas poderosas plantas se han utilizado durante mucho tiempo para conectar con la energía transformadora de la diosa de las encrucijadas. Desde la potente protección del tejo hasta la energía limpiadora y purificadora del eléboro, cada una tiene su propio simbolismo y magia únicos. Al trabajar con estas hierbas, es importante honrar su poder y acercarse a ellas con respeto e intención. Ya sea que elija crear una mezcla de incienso, preparar una infusión o elaborar una bolsa de protección, las hierbas asociadas con Hécate ofrecen una poderosa herramienta para conectarse con la sabiduría y la magia de esta antigua diosa. Mientras explora el mundo de las hierbas de Hécate, recuerde que esto es solo el principio de un viaje profundo y transformador. Al incorporar estas hierbas a su práctica mágica, podrá conectar con la energía de la diosa, abrazar su poder interior y liberar todo el potencial de su viaje espiritual.

Capítulo 6: Crear un altar para Hécate

Crear un altar para Hécate es un encuentro profundamente íntimo y espiritual que es vital para cualquier ritual hecateano. Un altar sirve como un santuario sagrado donde puedes establecer un profundo vínculo con Hécate, rendirle homenaje y buscar su sabiduría. Tanto si es nuevo en el reino de la brujería hecateana moderna como si es un practicante experimentado, la creación de un altar dedicado a Hécate ofrece una oportunidad excepcional para enriquecer su práctica y establecer una conexión más estrecha con la diosa de la brujería.

Hécate es una diosa poderosa y enigmática conocida por su asociación con la magia, la brujería, las encrucijadas y la liminalidad. Como madre de la brujería, es una fuerza que guía a brujas y practicantes de magia de todo el mundo. Crear un altar dedicado a ella es una forma de mostrar su respeto y devoción a esta poderosa deidad. Un altar para Hécate no es solo una herramienta para la brujería; también es un lugar de poder y transformación. Es un espacio sagrado donde puede comunicarse con lo divino, buscar orientación y explorar su espiritualidad. Tanto si busca respuestas a las grandes preguntas de la vida como si trabaja para manifestar sus deseos, un altar para Hécate puede ser una herramienta inestimable en su viaje.

En este capítulo, explorará los elementos de la creación de un altar para Hécate, incluyendo las herramientas y los símbolos que se utilizan comúnmente en la brujería hecateana moderna. También profundizará en los detalles de la creación de su altar, incluyendo la forma de organizar sus herramientas y ofrendas para reflejar su brujería personal y la devoción a la diosa. Al final de este capítulo, tendrá todo el conocimiento y la inspiración que necesita para crear un altar personalizado y poderoso dedicado a la diosa de las brujas. Es hora de conectar con Hécate y dejar que le guíe en su viaje espiritual.

Altar vs. Santuario

Un altar es un espacio reservado para exponer objetos religiosos con un significado importante. El término "altar" deriva de "alter", que significa cambiar. En la wicca, un altar puede contener herramientas para practicar su fe, como un athame, representaciones de deidades y objetos que simbolizan los cuatro elementos o las direcciones.

Sin embargo, el uso del término "altar" para describir un espacio santificado en el que se exhiben objetos de culto a Hécate ha sido motivo de controversia entre sus seguidores y los practicantes de la brujería hekatea. Algunos sostienen que el término apropiado para esta disposición es santuario, no altar. Si su intención es expresar devoción a Hécate, es mejor utilizar el término *santuario* en lugar de *altar*. Puede optar por fusionar un santuario y un altar en un único lugar sagrado, si así lo desea. En última instancia, usted decide cuál es el lenguaje que mejor se adapta a su práctica y que le parece más adecuado.

Un santuario es un espacio sagrado dedicado a expresar devoción y culto a una deidad o espíritu. Es un lugar donde se dejan ofrendas y se reza, un punto focal para la expresión de la relación espiritual de cada uno con un ser concreto. En el caso de Hécate, la diosa de las brujas, es habitual que los devotos tengan un santuario en su honor. Los santuarios a Hécate suelen incluir imágenes o representaciones de ella y ofrendas como velas, incienso y comida. Las llaves son un símbolo común asociado a Hécate, que representa su capacidad para desvelar misterios y abrir puertas. Muchos devotos incluyen llaves en sus santuarios para expresar su gratitud por la ayuda de Hécate en sus vidas.

Los santuarios también pueden servir como lugar para pedir ayuda o guía a Hécate. Esto puede incluir colocar ofrendas u objetos en el santuario que estén impregnados de una intención o petición específica, como una foto de un ser querido que necesite ayuda. Aunque un santuario es principalmente un lugar de devoción y culto, también puede utilizarse para prácticas adivinatorias. Muchos devotos utilizan sus santuarios para comunicarse con los muertos o recibir mensajes de la diosa. En última instancia, los objetos y ofrendas que uno incluye en su santuario deben reflejar su relación personal con la diosa y su práctica brujeril única. Aunque se asocian símbolos y objetos comunes con Hécate, como llaves y representaciones de ella, en última instancia depende de cada persona determinar qué desea incluir.

Preparar el altar

Cuando cree un altar para honrar a Hécate, considere la posibilidad de incluir una representación de ella, como una estatua o un cuadro. Existen muchas obras de arte de gran belleza y, si decide utilizarlas, asegúrese de comprar una copia en lugar de descargarla e imprimirla. Si no tiene presupuesto, busque imágenes de dominio público. Hécate, siendo la reina de las brujas, aprecia tener su propio altar o espacio de altar en la casa de una bruja. Además, también puede añadir objetos como un caldero, un cuchillo, una escoba, figuras de perros y decoraciones con estrellas y lunas. Es importante limpiar y consagrar el espacio y los utensilios en nombre de Hécate antes de instalarlos, y luego volver a limpiarlos y cargarlos mensualmente en la luna oscura. Recuerde que su santuario puede empezar siendo sencillo, pero crecerá con el tiempo. Estas son algunas pautas que puedes tener en cuenta a la hora de montar un altar para Hécate.

1. Elegir la ubicación

Elegir la ubicación correcta para su altar es crucial para establecer un espacio sagrado para Hécate. Cuando decida dónde colocar su altar, tenga en cuenta factores como la privacidad, la accesibilidad y la atmósfera. Puede elegir un rincón de su dormitorio, un espacio en una estantería o una pequeña mesa en una zona tranquila de su casa. El lugar que elija debe ser un sitio en el que se sienta cómodo y seguro, un lugar en el que pueda concentrar su intención y su energía.

Cuando elija un lugar, piense en la energía del espacio. ¿Es un lugar donde se siente conectado con la naturaleza o un lugar oscuro y misterioso? Tal vez sea un espacio con vista al cielo nocturno o una ventana por la que entre luz natural. Una vez elegido el lugar, es importante limpiarlo y consagrarlo. Puede utilizar el humo de la quema de salvia o incienso para purificar el espacio o rociar agua salada para limpiarlo. Mientras lo hace, invoque a Hécate para que bendiga la zona y la proteja de las energías negativas.

2. Cuándo prepararlo

Al crear un altar para Hécate, el momento oportuno puede desempeñar un papel importante en la construcción de una conexión más fuerte con esta diosa. Se recomienda crear el altar cuando la energía de la luna está en su apogeo, como en la noche de luna llena, luna nueva o un lunes. He aquí por qué:

En primer lugar, la luna llena es un momento de mayor energía, abundancia y manifestación. Es un momento en el que la luna está completamente iluminada e irradia una energía poderosa. Crear un altar para Hécate durante la luna llena puede amplificar sus intenciones y fortalecer su vínculo con ella, ya que la energía de la luna apoyará sus esfuerzos. Por otro lado, la luna nueva representa un momento de nuevos comienzos y de empezar de cero. Es el momento de establecer intenciones y plantar semillas para el futuro. Si crea un altar para Hécate durante la luna nueva, aprovechará esta energía y la invitará a ayudarle en su nuevo viaje.

Los lunes también son un buen momento para crear un altar para Hécate, ya que este día se asocia con la luna y la diosa. Los lunes se consideran el mejor día para trabajar con Hécate, ya que ofrecen la oportunidad de empezar la semana con fuerza y centrado. La creación de un altar durante estos momentos de máxima actividad lunar puede garantizar que sus intenciones se alineen con las fases de la luna. Esto puede proporcionar una mayor sensación de armonía y equilibrio en su vida, lo cual es clave para cualquier práctica espiritual.

3. Mantenerlo personal

Cuando se trata de crear un santuario para Hécate, es importante que sea personal. Aunque puede comprar objetos para añadir a su santuario, crear sus propios objetos puede ser una de las formas más significativas de expresar devoción a Hécate. No se preocupe si no se considera una persona con inclinaciones artísticas. Lo que más importa es el amor y la intención que ponga en el objeto, no lo bien que quede en las redes sociales. Sin embargo, si no se siente inclinado a crear sus propios objetos, tampoco pasa nada. Lo importante es que los objetos que elija para su santuario sean personales y reflejen sus sentimientos hacia Hécate.

Tenga en cuenta que, a diferencia de algunas tradiciones paganas, Hécate no reside en objetos. Por lo tanto, es inapropiado intentar ponerla en un objeto. Esto se consideraría blasfemia. Hécate es una diosa poderosa y multifacética que existe independientemente de cualquier objeto físico. Por lo tanto, cuando elija objetos para su santuario, es importante recordar que no son más que símbolos de su relación con ella. En última instancia, la clave para crear un santuario personal para Hécate es dejarse guiar por la intuición. Elija objetos que resuenen con usted y por los que se sienta atraído. Al hacerlo, creará un espacio exclusivamente suyo y reflejará la profunda conexión que comparte con esta poderosa y antigua diosa.

4. Colores de Hécate

A menudo se asocia a Hécate con colores específicos que pueden incorporarse a su santuario. Los colores más comúnmente asociados con ella son el negro, el rojo y el blanco. Estos colores se pueden utilizar de diversas formas, desde velas hasta telas o recortes de papel. El negro, en particular, es un color muy asociado a Hécate y puede utilizarse para representar la noche, lo desconocido y los misterios del inframundo. El rojo es otro color asociado a Hécate y puede utilizarse para representar su poder y pasión. Se puede utilizar en velas, telas u otros elementos decorativos que decida incluir en su santuario. El blanco, por su parte, representa la pureza y la claridad. Puede utilizarse como color de fondo para el santuario o como color de contraste para los elementos decorativos.

Otro color asociado a Hécate es el amarillo o azafrán. Este color representa la cosecha y los abundantes dones de la tierra. Puede utilizarse en tejidos o en forma de objetos decorativos como flores o frutas. Además de estos colores, también puede considerar los colores de los objetos asociados a Hécate. Por ejemplo, el verde es el color de los robles, que son sagrados para Hécate. Puede que quiera incluir el verde en su santuario para representar el mundo natural y el poder de la tierra. En general, utilizar colores asociados a Hécate es una forma estupenda de añadir profundidad y significado a su santuario. Al incorporar estos colores en velas, telas u otros elementos decorativos, puede crear un espacio único y personal para su devoción a esta poderosa diosa.

5. Ofrendas

Cuando se trata de ofrendas para un santuario de Hécate, muchos objetos tradicionales se han asociado con ella a lo largo de la historia. Estos pueden incluir cosas como el ajo, el azafrán, hojas de roble, y ciertos tipos de alimentos. Sin embargo, también es importante tener en cuenta los objetos personales que son significativos para su devoción. Por ejemplo, si asocia una flor concreta con Hécate, puede incluirla en su santuario como ofrenda. Las rosas silvestres, asociadas a Hécate, son una buena opción. Puede utilizarlas como partes permanentes del santuario o como ofrendas durante la fase de luna nueva. Además de objetos, también puede utilizar símbolos como perros o serpientes en su santuario. Por ejemplo, tener una estatua de un perro o una piel de serpiente puede ser una buena forma de incorporar estos símbolos a su espacio.

Por último, cabe destacar que los objetos personales con significado simbólico pueden ser una forma poderosa de hacer ofrendas a Hécate. Por ejemplo, puede incluir una joya que le haya legado un familiar o una pequeña baratija que le recuerde una experiencia significativa de su vida. Elija lo que elija, recuerde que la ofrenda debe significar su devoción y aprecio por Hécate, así que elija algo que tenga un significado personal para usted.

6. Herramientas mágicas y objetos sagrados

Como bruja hecateana moderna, puede utilizar muchas herramientas sagradas y objetos mágicos en su altar. Estas herramientas pueden ayudarle a conectarse con la energía de Hécate y ayudar en sus trabajos mágicos. Una de las cosas más importantes a tener en cuenta al elegir sus herramientas es que deben ser personales para usted. Es posible que desee considerar la fabricación de sus propias herramientas, ya que esto puede ser una manera muy significativa de expresar su devoción a Hécate.

Algunos ejemplos de herramientas sagradas que se pueden utilizar en un altar incluyen:

1. Cuchillos y hojas

Un cuchillo es una herramienta común utilizada en muchas tradiciones mágicas. Se puede utilizar para cortar hierbas, tallar símbolos y otros fines prácticos. Algunas brujas usan cuchillos como ofrendas a Hécate, mientras que otras los usan para hechizos de protección. Como diosa asociada a la brujería y la magia, Hécate suele estar vinculada al uso de cuchillos y hojas en rituales y hechizos. En la práctica hecateana, los cuchillos y las hojas se consideran herramientas sagradas y se utilizan para cortar energía, cuerdas y otros materiales en los hechizos.

Los cuchillos y las hojas se utilizan para cortar cuerdas, dirigir la energía y formar círculos [80]

El athame, un cuchillo de doble filo, es habitual en la práctica wiccana y hecateana. Se utiliza para lanzar círculos, dirigir la energía y cortar cuerdas. Tradicionalmente, el athame tiene el mango negro, símbolo del elemento fuego, que representa la voluntad, la pasión y la transformación. Para consagrar un athame para su uso en la práctica hecateana, puede limpiarse con agua salada, sahumarse con hierbas como la salvia o la artemisa, y cargarse bajo la luz de la luna llena o en presencia de la imagen o estatua de Hécate.

Las espadas también se utilizan a veces en la práctica hecateana, ya que se asocian con la fuerza, la protección y la capacidad de atravesar obstáculos. Pueden utilizarse para lanzar un círculo o para cortar simbólicamente los lazos con influencias o situaciones negativas. Para consagrar una espada para la práctica hecateana, puede limpiarse con agua salada, sahumarse con hierbas como el incienso o la mirra y cargarse en presencia de la imagen o estatua de Hécate.

2. Velas

Las velas son esenciales para muchas prácticas espirituales y mágicas, incluida la brujería hecateana. Pueden utilizarse para representar el elemento del fuego, que se asocia con la transformación, la pasión y la energía. En los altares hecateanos, las velas se utilizan a menudo para honrar a la diosa y aportar al practicante luz y claridad.

Las velas se utilizan para conectar con Hécate [81]

A menudo se asocia a Hécate con el fuego, ya que se la considera una diosa de la transformación y la iluminación. Las velas son una excelente forma de conectar con Hécate y crear una atmósfera sagrada en su honor. Se pueden utilizar de varias formas, como durante la meditación, los rituales o el trabajo con hechizos. Al elegir velas para un altar hecateano, se recomienda utilizar velas negras o rojas, colores asociados a la diosa. También puede utilizar velas blancas, que representan la pureza y la claridad. Puede utilizar otros colores, dependiendo de la intención del ritual o hechizo, como el verde para la abundancia o el azul para la curación.

Antes de utilizar las velas, conságrelas a Hécate. Para ello, sostenga la vela entre las manos y concentre su intención en la diosa. También puede untar la vela con aceites, como el incienso o la mirra, asociados a Hécate. Una vez que la vela está consagrada, está lista para ser utilizada en rituales o hechizos. Cuando se encienden las velas, se suele rezar una oración o invocación a Hécate. Puede ser tan simple como pronunciar su nombre o recitar una invocación más larga. Hay que dejar que las velas se consuman por completo y nunca dejarlas desatendidas. Mientras las velas arden, sirven como recordatorio de la presencia de Hécate y del poder de transformación e iluminación que aporta.

3. Llaves

En la práctica hecateana, las llaves son una herramienta sagrada habitual, ya que simbolizan el papel de Hécate como diosa de la liminalidad y como portadora de la llave de los misterios. Las llaves pueden comprarse o hacerse a mano y suelen exhibirse en el altar. Pueden ser de metal, madera u otros materiales. Para consagrar una llave para su uso en un altar hecateano, comience por limpiarla con agua, sal o incienso para eliminar cualquier energía negativa. A continuación, sostenga la llave entre sus manos y visualice cómo se llena de la energía y el poder de Hécate. También puede rezar una oración o invocación a Hécate, pidiéndole su bendición y protección sobre la llave.

Las llaves se utilizan como símbolo para desvelar los misterios del universo [33]

Las llaves pueden utilizarse en diversos rituales y hechizos. Por ejemplo, una llave puede abrir o cerrar un círculo ritual, desvelar simbólicamente los misterios del universo o invocar la guía y protección de Hécate. También pueden utilizarse en prácticas adivinatorias, como la adivinación o las lecturas del tarot, como símbolo para desvelar conocimientos o secretos ocultos. Cuando se utiliza una llave en un ritual o hechizo, es importante centrarse en su intención y pedir la guía y las bendiciones de Hécate. Una vez finalizado el ritual o hechizo, la llave debe devolverse al altar y guardarse en un lugar seguro hasta su próximo uso.

Además de estas herramientas tradicionales, muchas brujas hecateanas modernas utilizan talismanes, hechizos de nudos y otros métodos creativos en sus trabajos mágicos. Estos pueden incluir el uso de cuerdas, amuletos, marcadores y pinturas para crear hechizos y ofrendas personalizados. Las posibilidades son infinitas, y tus herramientas deben ser únicas para su propia práctica y conexión personal con Hécate.

Crear un altar para Hécate puede ser una práctica profundamente personal y gratificante. Recuerde que su altar refleja su devoción y compromiso con Hécate, y que puede evolucionar y cambiar con el tiempo a medida que profundice en su relación con ella. No tenga miedo de experimentar y probar cosas nuevas, y confíe siempre en su intuición a la hora de diseñar su altar. Tanto si acaba de empezar su viaje espiritual como si es un practicante experimentado, construir un altar para Hécate puede ser una forma poderosa de profundizar su conexión con lo divino y acceder al poder transformador de la magia. Así que, ¡adelante, reúna sus herramientas y empiece a crear un espacio sagrado que honre la sabiduría y la magia de Hécate!

Capítulo 7: El Deipnon y otros rituales

La magia de la antigua Grecia estaba profundamente entrelazada con sus creencias religiosas, y sus rituales y tradiciones eran componentes esenciales de su vida cotidiana. Los griegos creían en la existencia de varios dioses y diosas que eran responsables de los diferentes aspectos de la vida. Creían que estas deidades tenían el poder de influir en sus vidas, por lo que intentaban apaciguarlas mediante diversos rituales y ofrendas.

Uno de los rituales más importantes de la magia de la antigua Grecia era el Deipnon, que se celebraba cada mes en la noche de luna nueva. El Deipnon era una forma que tenían los griegos de honrar a la diosa Hécate, soberana del inframundo y diosa de la brujería, la magia y las encrucijadas. Los griegos creían que Hécate tenía el poder de concederles favores, protegerles de los espíritus malignos y guiarles a través de la oscuridad de la noche.

Durante el Deipnon, se hacían ofrendas a Hécate y a otros dioses y diosas, como Zeus, Apolo y Hermes. Las ofrendas incluían libaciones, pasteles e incienso, que se dejaban fuera o sobre un altar. Los griegos creían que haciendo estas ofrendas se ganarían el favor de los dioses y recibirían sus bendiciones.

El Deipnon era solo uno de los muchos rituales que formaban parte esencial del calendario religioso griego. Los griegos celebraban diversas fiestas y celebraciones a lo largo del año, muchas de ellas relacionadas con las estaciones y el ciclo agrícola. Por ejemplo, la Noumenia era una celebración mensual que tenía lugar el primer día de luna nueva y servía a los griegos para honrar al dios Apolo y pedirle su bendición.

Otro ritual importante era la bendición del hogar, que se celebraba anualmente para purificar la casa y alejar a los malos espíritus. Los griegos creían que realizando este ritual garantizarían la seguridad y prosperidad de su hogar.

El ritual de la encrucijada también era una parte esencial de la magia de la antigua Grecia. Los griegos creían que las encrucijadas eran un lugar donde se cruzaban los mundos físico y espiritual; por lo tanto, era un lugar de gran poder. El ritual de la encrucijada se realizaba para invocar la ayuda de Hécate y otras deidades en asuntos relacionados con la magia y la adivinación.

La magia de la antigua Grecia era rica en tradiciones rituales y supersticiones, y el Deipnon era solo uno de los muchos rituales importantes que se realizaban para honrar a los dioses y buscar su favor. Estos rituales y creencias estaban profundamente entrelazados con el calendario religioso griego y eran esenciales para su vida cotidiana.

Rituales de Hécate

Los rituales de protección de Hécate están impregnados de misticismo y antiguas prácticas religiosas, y aunque los detalles pueden haber cambiado con el tiempo, el núcleo sigue siendo el mismo. Los rituales de protección de Hécate están diseñados para alejar el mal y las energías negativas, al tiempo que atraen la energía positiva y las bendiciones a su vida. Estos rituales suelen consistir en quemar incienso, invocar la presencia de la diosa y hacerle ofrendas. Aunque algunos de estos rituales pueden ser complejos y requerir mucha preparación, otros son relativamente sencillos y directos. Independientemente de la complejidad del ritual, los rituales de protección de Hécate ofrecen una poderosa forma de protegerse a sí mismo, a su hogar y a sus seres queridos. Alejan las energías negativas al tiempo que atraen la energía positiva y las bendiciones a su vida. Además, honrar o invocar a Hécate implica cualidades meditativas que aportan paz y armonía y crean una sensación de seguridad y protección. Los rituales pueden incluso protegerle de cualquier daño y darle fuerzas para afrontar los retos de la vida. También pueden crear una atmósfera más armoniosa y pacífica en su hogar y en sus relaciones.

El Deipnon de Hécate

El ritual Deipnon de Hécate es una misteriosa y poderosa ceremonia envuelta en mitos y especulaciones. Aunque se desconocen los detalles exactos de la ceremonia, lo que sí se sabe es que se trataba de una ofrenda mensual a Hécate, realizada en la noche de luna nueva. Se ha relacionado con numerosas prácticas espirituales y mágicas. Aunque se desconocen los detalles exactos del ritual, los estudiosos han podido reconstruir algunos símbolos y significados asociados a él. La mayor parte del ritual consiste en ofrendas y oraciones destinadas a honrar a la diosa y aplacar su ira. Es una práctica que aún llevan a cabo hoy en día los devotos que buscan desvelar los misterios de este antiguo ritual y acceder al poder y la protección de Hécate.

Prácticas históricas

El ritual se realizaba en una encrucijada, ya que se consideraba sagrada para Hécate y representaba el punto entre el mundo físico y el espiritual. Otros lugares podían ser un altar o un punto de encuentro entre el aire, el agua y la tierra, como un puente o una roca saliente. El ritual se celebraba en la noche más oscura del año, normalmente hacia el final del mes lunar, que se consideraba un momento de renovación y renacimiento, e incluía ofrendas de comida y bebida a la diosa. Los participantes en el ritual solían encender una vela y ofrecer oraciones y regalos a Hécate. El ritual se realizaba en solitario o con un grupo de personas afines y solía ir acompañado de adivinación, con el fin de buscar la guía y protección divinas. Se creía que traía buena suerte y protección al participante y a su familia. El ritual consta de tres partes diferentes.

- La primera parte era una comida consistente en alimentos para la familia y como ofrenda. Normalmente, se realizaba en un cruce de caminos para honrar a la diosa y agradecerle su protección y guía.

- La segunda parte del ritual era la expiación. Consistía en el sacrificio de un animal, como una cabra o un perro, para invocar la benevolencia de Hécate.

- La tercera parte del ritual era la purificación, que se realizaba para limpiar la casa y alejar las energías negativas. Para ello se quemaba incienso, se recitaban oraciones y se rociaba agua bendita.

La comida era el punto central del ritual, en el que se ofrecían diversos platos, como frutas, verduras y cereales, en señal de respeto. La familia probaba algunos bocados y ofrecía el resto a los dioses en señal de respeto. Una comida típica de Deipnon solía consistir en ofrendas de pescado, miel y sésamo colocadas en el hogar de la casa. La comida también se compartía con quienes no formaban parte de la familia, incluidos mendigos y pobres, para conmemorar la generosidad de la diosa.

Las tres partes de este ritual eran importantes para honrar a la diosa y recibir sus bendiciones, y constituían un momento de reflexión y contemplación. Un momento para reflexionar sobre el propio viaje espiritual y para pedir la guía y la perspicacia de Hécate. También era una oportunidad para desprenderse de cualquier dolor, sufrimiento o emoción negativa y comprometerse a vivir una vida de integridad y crecimiento espiritual.

Prácticas modernas

Hoy en día, el ritual del Deipnon se practica a menudo para recordar y honrar a los familiares que han fallecido. La gente se reúne con familiares y amigos para compartir recuerdos e historias del fallecido, compartir una comida y encender velas en su memoria. La comida suele incluir pan y sal, que simbolizan la hospitalidad y la protección. En algunas culturas, la gente puede incluir una porción de la comida que el difunto disfrutó como una forma de honrarlo.

Además, la gente suele compartir historias y recuerdos del fallecido, lo que permite a los demás recordar y honrar su vida. Esta puede ser una experiencia muy poderosa y significativa para aquellos que están de luto. Se encienden velas en honor del fallecido, cada una de las cuales representa un aspecto diferente de su vida. Puede tratarse de su espíritu, su valor, su alegría o cualquier otra cualidad que fuera especial para él. Una vez encendidas las velas, el ritual del Deipnon termina con unos momentos de silencio para reflexionar y recordar a la persona fallecida.

El Deipnon también se celebra de diferentes maneras. Algunas personas pueden reunirse en un espacio físico para comer y ofrecer oraciones, mientras que otras pueden hacerlo en su propia casa o incluso por internet. En cualquier caso, la intención es honrar y rendir tributo a los dioses y diosas. También es importante señalar que el Deipnon no se limita a una sola religión o cultura. Personas de muchas religiones y culturas diferentes observan el Deipnon a su manera, adaptándolo a sus propias prácticas.

Ritual de la Noumenia (luna nueva)

A diferencia del Deipnon, que se celebraba el último día del mes, el ritual de la Noumenia se celebraba con gran entusiasmo el primer día del nuevo mes. Su objetivo era atraer a los participantes a la buena suerte, la protección y la prosperidad. Era una combinación de prácticas mágicas y observancias religiosas y se creía que era muy poderoso. El ritual de la Noumenia, una poderosa forma de adivinación, se basaba en los movimientos de las estrellas y los planetas. Los participantes estudiaban el cielo para determinar los momentos más propicios para realizar el ritual. Se creía que los dioses observaban el ritual e intervenían para garantizar su éxito.

Prácticas históricas

El ritual solía celebrarse en un templo, en casa frente a santuarios o al aire libre bajo el resplandor de la luna, donde las sacerdotisas lo llevaban a cabo con ofrendas de grano, frutas y flores. Tras el ritual, los participantes disfrutaban de un banquete e intercambiaban buenos deseos y muestras de agradecimiento. Durante el ritual, los participantes también hacían ofrendas y recitaban oraciones a los dioses y diosas como muestra de su devoción. También se creía que el ritual podía alejar la mala suerte y los malos espíritus. Los participantes quemaban incienso especial, recitaban oraciones y hacían ofrendas especiales a los dioses para protegerse de cualquier daño.

Prácticas modernas

En los tiempos modernos, este ritual se ha convertido en una forma única de conectar con lo divino y observar la naturaleza cíclica del universo. Es un momento de renovación, reflexión y conexión con el reino espiritual. La práctica contemporánea de la Noumenia implica reservar un tiempo para conectar con lo divino, expresar gratitud y centrarse en lo que uno quiere manifestar en el mes siguiente. Es un momento para hacer balance del mes anterior y planificar el siguiente. Es una oportunidad para convertir en ritual las prácticas tradicionales de fijar intenciones, liberarse de todo lo que ya no sirve y cultivar un sentimiento de gratitud por el momento presente. Normalmente, la Noumenia se celebra creando un espacio sagrado, encendiendo una vela y conectando con lo divino a través de la oración, la meditación o la escritura. También se pueden hacer ofrendas a la deidad elegida, como comida, incienso o flores. Es un momento para expresar gratitud por todo lo que se ha recibido y para liberarse de cualquier negatividad experimentada en el mes anterior.

Ritual de bendición del hogar

El ritual de la bendición del hogar de Hécate es una excelente forma de atraer energía positiva y bendiciones a su hogar. Este antiguo ritual utiliza el poder de la diosa Hécate para traer protección y bendiciones a su hogar y a sus habitantes. El ritual en sí es simple y directo.

1. Comience encendiendo una vela blanca y colocándola en el centro de la habitación.
2. Visualice la luz blanca de la vela irradiando por toda la habitación.
3. Mientras lo hace, rece una oración a Hécate (cualquier cosa que considere apropiada), pidiéndole que traiga su poder a su casa.
4. Después, esparza un poco de sal marina por la habitación, diciendo: *"Que la protección de Hécate rodee esta habitación"*.
5. A continuación, encienda incienso y diga: *"Hécate, bendice mi hogar con tu protección y tus bendiciones"*.
6. Deje que el incienso arda durante unos minutos y luego apáguelo.
7. Por último, tome un poco de aceite esencial y úntese diciendo: *"Hécate, concédeme protección y bendiciones"*. También puede ungir las puertas y ventanas de su casa.

Ritual de encrucijada (transición/nuevos comienzos)

Los momentos difíciles pueden ser un verdadero reto para muchos de nosotros, y es durante estos momentos cuando la encrucijada de Hécate puede ser una verdadera fuente de fuerza y guía. Hécate es la diosa de las encrucijadas. Ella posee la llave, la llama y la rueda, lo que le permite proporcionar perspicacia y dirección a aquellos que la buscan. La clave de la encrucijada de Hécate es desbloquear el potencial que llevamos dentro. Utilice esta llave para desbloquear sus deseos y sueños más profundos y explorar las posibilidades. La llama de la encrucijada de Hécate es la chispa de inspiración que le ayuda a mantenerse centrado y motivado en los momentos difíciles. Puede utilizar esta llama para encender su pasión y mantener el rumbo. La rueda de la encrucijada de Hécate sirve para recordar que la vida está llena de ciclos y que, por muy duras que parezcan las cosas en este momento, acabarán llegando a su fin.

Prácticas históricas

El ritual de la encrucijada de Hécate es una antigua forma de brujería que ha existido durante siglos. Se cree que es una poderosa forma de magia que puede cambiar significativamente la vida de una persona. Este ritual se realiza normalmente en una encrucijada, que se considera un lugar de transición, transformación y nuevos comienzos. El practicante construye un altar improvisado en la encrucijada, sobre el que coloca ofrendas como monedas, comida, incienso y velas. Tras realizar estas ofrendas, el practicante invoca a Hécate y recita una invocación u oración. A continuación, se realizan una serie de conjuros o cánticos para obtener el resultado deseado. Tras el ritual, el practicante abandona la encrucijada dejando las ofrendas, a veces enterradas en la tierra, como agradecimiento a Hécate. Se creía que esta práctica traía suerte, éxito y protección contra cualquier energía negativa que se encontrara durante la transición o el nuevo comienzo. Se cree que el ritual de la encrucijada de Hécate es increíblemente poderoso y debe utilizarse con precaución.

Prácticas modernas

El ritual de la encrucijada de Hécate se sigue practicando hoy en día, aunque ha evolucionado con el tiempo. Algunos practicantes optan por utilizar símbolos modernos para honrar a Hécate, como una vela o incienso, y el ritual puede adaptarse para ajustarse a cualquier necesidad personal. Independientemente de cómo o dónde se lleve a cabo el ritual, se sigue considerando una forma eficaz de honrar a Hécate y marcar una transición para facilitar nuevos comienzos. Los rituales modernos consisten en situarse en cualquier cruce de caminos, normalmente a medianoche, y llamar a la diosa Hécate tres veces. Se pueden hacer ofrendas como comida, vino, incienso o monedas para ayudar a establecer la intención del ritual. Una vez realizadas las ofrendas, se debe meditar y expresar el deseo de transición a Hécate. Después de la meditación, es importante agradecer a la diosa por su tiempo y guía. Con la finalización de este ritual, uno debe tener la energía y la claridad para hacer los cambios necesarios para un cambio exitoso y próspero.

Ritual de protección (fantasmas/demonios/ataques psíquicos)

El siguiente ritual de protección de Hécate está diseñado para alejar las energías negativas y traer protección y bendiciones a su vida. Puede utilizarlo para alejar cualquier cosa que crea que trae mala energía a su vida.

Preparación

Antes de realizar un ritual de protección de Hécate, es importante prepararse para el ritual. Esto incluye limpiar y purificar el altar, reunir las herramientas y objetos necesarios y crear un espacio sagrado.

1. Cree un espacio sagrado. Para ello, encienda velas, queme incienso y monte un altar. El altar debe estar decorado con símbolos de Hécate, como una luna creciente o la estatua de una diosa triple.
2. Limpie y purifique el altar. Puede hacerlo con salvia u otras hierbas o con sal y agua para limpiar la zona. Esto elimina cualquier energía negativa que pueda estar presente y crea un espacio pacífico y sagrado.
3. Recoja las herramientas y los objetos necesarios. Esto puede incluir velas, incienso, hierbas, cristales y cuencos para ofrendas. También es importante crear una ofrenda para Hécate, como un pequeño plato de miel, leche o cualquier otro regalo que consideres apropiado.

Rituales de protección para Hécate

El siguiente ritual de protección de Hécate está diseñado para alejar las energías negativas y traer protección y bendiciones a su vida.

1. En primer lugar, encienda una vela blanca y colóquela en el altar.
2. A continuación, encienda un poco de incienso y colóquelo también en el altar.
3. Mientras quema el incienso, recite la siguiente invocación: *"Hécate, diosa de la noche, protégeme de todo lo que no está bien. Aleja todo mal, daño y contienda, y trae protección a mi vida".*

    Para la protección del hogar y la familia, recite lo siguiente: *"Hécate, diosa de la noche, protege mi hogar y a mi familia de todo lo que no está bien. Aleja todo mal, daño y contienda, y trae protección y paz a nuestras vidas".*
4. A continuación, espolvoree sal a su alrededor y alrededor del altar para crear un círculo de protección.

5. A continuación, esparza algunas hierbas secas alrededor del altar, como romero o lavanda. Mientras lo hace, recite lo siguiente: *"Hécate, diosa de la noche, protégeme y guárdame de todo lo que no está bien. Bendíceme con protección y paz mental y trae bendiciones a mi vida".*

6. Por último, haga una ofrenda a Hécate. Puede ser un pequeño plato de miel o leche, unas monedas u otras ofrendas. Mientras lo hace, recite lo siguiente: *"Hécate, diosa de la noche, acepta esta ofrenda como muestra de mi gratitud. Le agradezco su protección y bendiciones y por mantenerme a salvo de todo lo que no está bien".*

Para los juicios de protección para el hogar y la familia, recite lo siguiente: *"Hécate, diosa de la noche, acepta esta ofrenda como muestra de mi gratitud. Te agradezco tu protección y bendiciones y que nos mantengas a salvo de todo lo que no está bien".*

7. Después de completar el ritual, deje que la vela y el incienso ardan hasta que se apaguen.

Estos rituales suelen realizarse en la oscuridad de la noche, ya que es cuando se dice que la diosa es más poderosa.

Como diosa de la brujería, las encrucijadas y el inframundo, Hécate ha sido venerada de muchas formas y maneras a lo largo de los siglos. Los rituales de Hécate suelen centrarse en honrar a la diosa y sus cualidades y en obtener su favor y protección. Estos rituales suelen incluir ofrendas de comida, incienso y otros objetos sagrados para ella. Estas ofrendas pueden colocarse en cruces de caminos y otros lugares donde se dice que habita la diosa. Además, algunos practicantes realizan invocaciones y conjuros para honrar a la diosa, y algunos incluso le hacen sacrificios de animales. Los rituales de Hécate suelen celebrarse la noche de luna nueva, ya que se dice que es el momento en que la diosa es más fuerte y poderosa. Sea cual sea el ritual, el tema principal es siempre la reverencia y el respeto por la diosa y su tremendo poder.

Capítulo 8: Hechizos hecateanos

Este capítulo contiene hechizos que incluyen oraciones a Hécate, hierbas, plantas y aceites hecateanos, sus símbolos y cualquier otra cosa que pueda asociarse con ella. Puede utilizar estas herramientas para recurrir al poder de Hécate para proteger su hogar, a sus seres queridos y a usted mismo, obtener consejo en situaciones difíciles o guía a través de encrucijadas.

Bolsa del mojo de Hécate

Crear una bolsa de mojo de Hécate es una de las formas más fáciles de aprovechar los poderes protectores de la diosa y combinarlos con su propio poder. Una vez hecha su bolsa, puede llevarla o colocarla donde quiera. Por ejemplo, puede meterla en el bolso o en el bolsillo y llevarla allá donde vaya. Cada vez que sienta la necesidad de un pequeño impulso de energía protectora, puede sacar la bolsa y le recordará la protección que tiene. Prepare esta bolsita por la noche, preferiblemente alrededor de la luna llena.

Ingredientes:
- Una bolsa pequeña de malla
- Un trozo de cinta
- Pequeños objetos recogidos en los cruces de caminos
- Una obsidiana
- Una piedra lunar

- Lavanda, diente de león y cardamomo (preferiblemente secos y sueltos)
- Una vela morada

Instrucciones:

1. Prepare su altar y sus herramientas limpiándolos con su incienso favorito. Esto también le ayudará a limpiar su energía.
2. Encienda la vela, coloque todos los ingredientes en la bolsa de malla y ciérrela con la cinta.
3. Mantenga la bolsa en sus manos durante 10 minutos para imbuirla de su energía. Mientras carga la bolsa, puede invocar a Hécate y pedirle que le añada su poder. Diga esto cuando invoque a Hécate:

    "Hécate, tú que estás a ambos lados y en medio,

    Tú que resides en la encrucijada, que guardas el umbral,

    te imploro que me protejas.

    Concédeme un paso seguro mientras navego por la vida.

    Protégeme en cada nuevo espacio y de los espíritus negativos

    Protégeme de las fuerzas que acechan en los espacios intermedios

    Hécate, escucha mi plegaria".

4. Cuando se sienta preparado, apague la vela y coloque la bolsita donde vaya a utilizarla. De vez en cuando, tendrá que recargarla con su energía y la de la diosa para mantener sus poderes.

Mezcla de aceites esenciales de Hécate

Esta mezcla de aceites esenciales puede utilizarse para varios fines, como la protección, la comunicación espiritual y la limpieza de caminos. Puede aplicarla a velas y otros objetos que desee infundir con el poder de la diosa o utilizarla en hechizos cuando trabaje con Hécate. Prepare la mezcla de aceites la noche de luna llena y déjela cargar hasta la fase oscura de la luna.

Ingredientes:

- Amapola
- Lavanda
- Mayapple

- Artemisa
- Tierra de un cruce
- Ajo
- Pelo de perro (preferiblemente negro)
- Una botella
- Aceite de oliva o de nuez

Instrucciones:
1. Bajo la luna llena (en el exterior o cerca de una ventana), mezcle todos los ingredientes (excepto el aceite).
2. Vierta la mezcla en una botella y rellene el espacio sobrante con el aceite.
3. Deje la botella en el exterior o en el alféizar de la ventana para que se impregne de la luz de la luna y de la energía de la diosa.
4. Cuando esté cargada, llévala a su altar y déjala allí hasta la luna oscura. Agítela de vez en cuando para impregnarla de su energía.

Mezcla para la protección del hogar

Con esta mezcla de hierbas, puede invocar el poder de Hécate como protectora, ahuyentadora de fuerzas hostiles y protectora de encrucijadas y umbrales. Utilice hierbas asociadas con la diosa y sales que también contribuyen a la protección de su hogar. Puede espolvorearlas cerca de ventanas y puertas o en un santuario umbral que proteja su casa de dentro a fuera. Para ello solo tendrá que colocar la imagen o los símbolos de la diosa en un estante cerca de las entradas. Si opta por este método, deje también pequeñas ofrendas (aunque solo pueda ofrecer mensajes espirituales).

Ingredientes:
- Una pizca de polvo de amapola para confundir a los espíritus maliciosos
- Una pizca de ajo en polvo para proteger
- Una pizca de salvia blanca en polvo para la buena suerte
- Un puñado de tierra de la encrucijada o polvo de ladrillo
- Un disco de carbón vegetal
- La representación de la diosa
- Una vela morada

Instrucciones:

1. Mezcle las hierbas en un cuenco pequeño. Utilice un poco de sus hierbas (junto con los aceites esenciales) para ungir la vela morada. Esto añade otra capa de protección a su hogar. Al hacerlo, diga lo siguiente:

   "Hécate, enciendo esta vela en tu honor.

   Así como su llama arde brillante, que tus antorchas ardan y me guíen eternamente.

   Te pido que mires a mi hogar, ya que soy tu devoto seguidor.

   Concédeme este favor y protege mi hogar de daños y desgracias".

2. Vierta un poco de las mezclas de hierbas secas en el disco de carbón y quémelo mientras recita la siguiente oración:

   "Diosa Hécate, te invoco mientras quemo estas hierbas para ti. Te pido que las bendigas, ya que proceden de tu jardín sagrado.

   Préstales tu protección y concédeme tu bendición.

   Te imploro que imbuyas al resto de las hierbas con la resistencia suficiente para proteger mi hogar".

3. Mezcle las hierbas con la tierra o el polvo de ladrillo. Deje que la vela morada se consuma por completo, pero no la deje desatendida. Puede hacer esto a lo largo de varias noches durante la fase oscura de la luna.

4. Cuando la vela se haya derretido por completo, recoja la cera y guárdela en una bolsita. Puede utilizarla como amuleto colgándola cerca de la entrada, junto al pequeño altar de la estantería. También puede enterrar la bolsita fuera de su casa, en su propiedad.

5. Ofrezca ofrendas a la diosa en su altar. Después, lleve las hierbas al altar de la entrada de su casa y espolvoréelas por los umbrales. O bien, espárzalas por todos los puntos de entrada (incluidas todas las ventanas y puertas). Al hacer esto, hable a Hécate con la siguiente oración:

   "Hécate, mientras estoy ante este umbral, pongo estas hierbas ante ti y te pido tu guía y protección.

   Por favor, protege mi hogar y a los que viven en él.

   Que todas las energías negativas se mantengan alejadas y que tu poder bendiga este lugar.

Que mis entradas estén siempre protegidas por ti,

y que nunca dejes de protegerme de las influencias maliciosas.

Hécate, aleja cualquier desgracia y vela por mí como tu devoto seguidor.

Concédeme este favor para que pueda tener un refugio seguro".

6. Ahora, tendrá una poderosa barrera significativa protegiendo su hogar y a los que viven allí.
7. Puede repetir el hechizo regularmente según sea necesario, aunque algunos recomiendan hacerlo una vez al año. Sin embargo, recargar de vez en cuando su mezcla de hierbas le permitirá mantener la protección durante más tiempo sin necesidad de repetirlo.
8. Cada vez que cruce la entrada, rece una rápida oración de agradecimiento a Hécate. Si tiene un pequeño altar cerca de la entrada principal, hágalo allí. Con cada palabra de gratitud, está construyendo su conexión con la diosa, y ella estará más inclinada a ayudarle.

Hechizo del portador de llaves

Usando llaves viejas como amuletos protectores, puede recurrir al poder de Hécate para encontrar guía y protección, abrir nuevos caminos o obtener respuestas a sus preguntas. Por ejemplo, supongamos que pone una llave bajo su almohada después de este hechizo de portador de llaves. En ese caso, puede comunicarse con Hécate en sus sueños. Puede colgar las llaves sobre su altar, ponerlas encima, o llevarlas en un collar como amuleto de buena suerte. También puede utilizar hechizos diseñados para encontrar un objeto perdido o desbloquear secretos y encerrar su casa en una capa protectora.

Ingredientes:
- Una llave
- Una caja pequeña con pestillo
- Una vela negra
- Otras velas asociadas a su intención
- Romero, salvia y lavanda secos y sueltos
- Papel y bolígrafo
- Incienso de su elección

Instrucciones:

1. Recoja sus suministros durante una fase de luna creciente o llena; esta última le proporcionará toda la potencia.
2. Purifique su espacio y sus herramientas sahumandolas, colocándolas en sal, o cualquier método de limpieza que prefiera.
3. Encienda las velas asociadas a su propósito y el incienso, y apague cualquier luz artificial.
4. Encienda la vela negra y diga:

    "Invoco a Hécate, la portadora de la llave, para que llene la llama de esta vela con su sabiduría ancestral y su esencia mágica.

    Que potencie mi hechizo de protección".
5. Tome un trozo de papel y escriba su intención clara (centrándose en lo que desea proteger, desbloquear u ocultar) y el papel varias veces hacia usted.
6. Coloque el papel en la caja y espolvoree las hierbas por encima mientras pide a cada una que active sus poderes. Cierre la caja y visualice cómo manifiesta su intención. Por ejemplo, si quiere desvelar secretos en sueños, imagínese tumbado en la cama y hablando con Hécate en sueños.
7. Tome la llave y, sosteniéndola sobre la llama de la vela, diga:

    "Que esta llave aleje el mal y las influencias negativas".

    Llevo la llave ahora, y abriré su poder".
8. Coloque la llave bajo la almohada para encontrar respuestas en sus sueños. Acuéstate y espera las respuestas. Cuando las reciba, escríbalas en cuanto se despierte.
9. Puede abrir la caja y liberar el hechizo cuando obtenga sus respuestas.

Rejilla de cristal de strophalos

Las rejillas de cristal son excelentes para concentrar y combinar las fuerzas de las piedras individuales. El uso de una rejilla de cristal de estrofalos le permite aprovechar el poder de Hécate para proteger su hogar. Puede colocarlo cerca de una ventana y canalizar su energía hacia el exterior de la casa con la ayuda de la diosa. Se recomienda hacerlo durante la fase más oscura de la luna, cuando el poder liminal de la luna es más fuerte. De este modo, la rejilla protegerá su casa de todos los espíritus: de este mundo, del inframundo y de los que residen en medio.

Ingredientes:

- Un strophalos (estera cuadriculada de la rueda de Hécate; puede dibujar una cuadrícula en un trozo de tela por su cuenta o comprar una ya hecha)
- Piedras asociadas con Hécate (jade, obsidiana, rubí, zafiro, perla, jaspe, piedra lunar)
- Otras piedras que le atraigan
- Un cuenco grande
- Velas

Instrucciones:

1. Empiece limpiando y cargando las piedras. La forma más eficaz de hacerlo es colocarlas en un cuenco y dejarlas en el alféizar de una ventana al menos una noche durante la fase menguante de la luna.
2. Establezca sus intenciones visualizando, escribiendo en un diario o concentrándose en su deseo. Utilice el tiempo presente y un tono positivo. Por ejemplo, en lugar de decir: "*No quiero que mi casa esté indefensa*", diga: "*Mi casa está protegida*".
3. Limpie de desorden el lugar donde desea guardar su rejilla y utilice el sahumerio para desterrar las energías nocivas. Lleve lentamente su sahumerio por toda la casa para asegurarse de que la energía negativa se elimina de todos los rincones.
4. Coloque la tela con la rejilla en el espacio designado. Concentrándose en su intención, comience a colocar los cristales alrededor del patrón. Mantenga cada piedra en sus manos durante unos segundos para infundirles su energía.
5. Si tiene problemas para concentrarse, comience colocando el primer cristal en el centro para centrarse usted y la energía de los cristales. Este primer cristal debe corresponder al propósito fundamental de su rejilla. Para la protección de Hécate, coloque obsidiana en el centro. Si coloca un trozo de papel con su intención o un símbolo pegado a él, también ayudará a centrar la energía de la rejilla.
6. Coloque los cristales restantes alrededor del medio. Cuando haya terminado, pase a cargar su rejilla. Puede hacerlo meditando sobre su intención o a través de cualquier otro medio que le ayude a conectar con sus herramientas mágicas.

7. Una vez fijadas sus intenciones, puede desmontar la rejilla o dejarla tal cual hasta que empiece a ver los efectos. Si la conserva, asegúrese de volver a visitarla cada noche y rezar una oración a Hécate.

Colgante de strophalos

Este colgante tiene uno de los antiguos símbolos asociados a la diosa: La rueda de Hécate. También llamado el símbolo de la diosa triple, esta herramienta puede ser un poderoso aliado para la protección psíquica. Al cargarla, puede potenciarla con la energía de Hécate, mientras que al llevarla puesta se asegurará de que los amuletos permanezcan en contacto con su energía. Si siente que está siendo influenciado por una energía psíquica negativa, toque su colgante para recordarse a sí mismo que tiene el poder de alejar las influencias negativas.

Ingredientes:

- Un collar con un colgante que representa la rueda de Hécate
- Sal en un cuenco pequeño
- Incienso
- 1 Piedra lunar
- 1 Obsidiana
- Jaspe
- Una vela negra
- Representaciones de la diosa, como llaves, símbolos de sus animales o de la muerte

Instrucciones:

1. Coloque los ingredientes en su altar al anochecer, durante la fase de luna llena. Mantenga su ventana abierta para que entre la luz de la luna.
2. Coloque el colgante y el collar en el cuenco de sal. Puede poner el alféizar bajo la luz de la luna durante unos minutos para cargarlo con el poder de la diosa.
3. Para obtener los mejores resultados, prepárese tomando un baño de limpieza mientras sus joyas se limpian y se cargan.
4. Cuando termine el baño, encienda la vela y colóquela en el centro del altar. Coloque la representación de la diosa junto a la vela.

5. Coloque las tres piedras delante de usted en el altar formando un semicírculo. Saque las joyas del cuenco y colóquelas delante de las piedras.
6. Invoque a Hécate con la siguiente oración:

    "Hécate, ¡te pido que escuches mis plegarias!

    Te invoco para que me protejas de los espíritus malignos.

    Escúdame de aquellos que no descansan, sino que vagan por el mundo, queriendo causar daño.

    Tú que gobiernas a esos espíritus menos que dios, por favor retíralos de mi presencia.

    Hécate, guardiana de la puerta de la encrucijada, ¡protege mi psique de las energías negativas y destierra la malevolencia de mi presencia!".

7. Tome el amuleto en sus manos y sienta su energía cálida y protectora. Colóquelo alrededor de su cuello y llévelo para permanecer protegido de las energías espirituales malévolas.

Hechizo de camino abierto de Hécate

Este hechizo puede invocar a Hécate, ya sea que quiera trabajar con ella como la portadora de la antorcha, la guardiana de las llaves. Puede usarlo para limpiar su camino de influencias negativas, descubrir nuevas oportunidades, o encontrar el camino hacia una vida exitosa. El hechizo incorpora varios elementos asociados con Hécate, incluyendo hierbas y símbolos de los animales.

Ingredientes:
- Llaves y otros símbolos de Hécate
- 3 velas naranjas
- Aceite esencial de lavanda
- Una mezcla de salvia, canela, lavanda, raíz de diente de león e incienso
- Suciedad de una encrucijada
- Incienso de su elección (la salvia es la mejor para la limpieza y la protección)
- Ofrendas para Hécate (comida, arte o lo que desees regalar)

Instrucciones:

1. Por la noche, durante la fase más oscura de la luna, prepare sus herramientas colocándolas en su altar. Comience adornando el espacio con los símbolos que utiliza para representar a la diosa (menos una llave).
2. Encienda su incienso y concéntrese en su intención.
3. Inunde las tres velas con aceite esencial de lavanda y la mezcla de hierbas. Las hierbas sagradas de Hécate le proporcionarán guía, limpieza y éxito en su búsqueda mágica.
4. Coloque las velas en el centro del altar formando un triángulo invertido. Espolvoree la tierra de la encrucijada y más hierbas sueltas alrededor de las velas. Al espolvorear las hierbas, haga una línea entre cada vela.
5. Coloque una llave entre las tres velas y haga una ofrenda a la diosa. A continuación, empiece a recitar la siguiente oración mientras enciende la primera vela:

    "Hécate, guardiana de las encrucijadas, te busco.

    Te pido que abras mis caminos y los limpies de bloqueos energéticos, desgracias

    y todo aquello que me desvíe de mi camino".
6. Encienda la segunda vela y cante:

    "Hécate, ilumina con tus brillantes luces mi camino hacia la prosperidad.

    Portadora de la antorcha, aléjame de los caminos equivocados.

    Que tus llamas ardan eternamente e iluminen mi camino hacia el éxito".
7. Encendiendo la tercera vela, diga:

    "Guardiana de las llaves, abre las puertas a un viaje que conduzca a nuevas oportunidades y a la victoria.

    Hécate, te pido que me bendigas con la suerte, la buena fortuna y la llave del triunfo.

    Tú que te encuentras en todas las encrucijadas, ayúdame a evitar las puertas cerradas".
8. Respire hondo, siéntese y continúe con su oración:

    "Hécate, patrona de todas las brujas, escucha mis plegarias.

Mientras enciendo estas velas, que su llama me otorgue un poder tan potente como el fuego de tus antorchas.

Despeja mis caminos en este viaje, y muéstrame la forma de desbloquear las mejores oportunidades. Diosa Hécate, te imploro que potencies este hechizo con toda tu esencia divina".

9. Deje que la vela se consuma del todo, pero no las deje desatendidas. Puede volver a encenderlas tantas veces como tarden en consumirse. Cuando termine, deseche la cera en un cruce de caminos.
10. Lleve la llave del hechizo como amuleto. Cuando reciba la bendición que pidió, haga otra ofrenda para expresar su gratitud a Hécate.

Capítulo 9: Adivinación con Hécate

La adivinación es la práctica de predecir el futuro interpretando signos, presagios y mensajes de la naturaleza. Es una forma antigua de adivinación que se ha utilizado a lo largo de la historia para buscar información sobre las relaciones, las finanzas, la salud y mucho más. La adivinación sirve a las personas para comprender lo que les espera en el futuro o para recibir orientación sobre su situación actual o el curso de sus acciones.

Esta práctica puede ayudarle a dar sentido a su vida y a obtener claridad sobre lo que le puede deparar el futuro. Buscar orientación en las prácticas adivinatorias puede aumentar su conocimiento y comprensión de los acontecimientos pasados, permitiéndole planificar el futuro con mayor perspicacia. Al recurrir a esta guía, también puede adquirir una mayor conciencia de sí mismo y estar más atento a cualquier energía o situación que pueda estar obstaculizando su progreso.

Además, la adivinación le permite comprenderse mejor a sí mismo y le revela sus dones y talentos ocultos. También proporciona acceso a conocimientos espirituales que pueden no estar fácilmente disponibles a través de otros medios. Tomar decisiones basadas en un nivel de comprensión superior al instinto le permite acceder a su sabiduría interior, que puede guiarle sobre la mejor manera de responder cuando se enfrenta a situaciones difíciles. Además, las prácticas adivinatorias pueden guiarle para dar los pasos necesarios para el crecimiento personal, permitiéndole así alcanzar sus objetivos más rápida y eficazmente.

El uso de la adivinación puede fomentar una conexión más profunda entre usted y lo divino, revelando verdades más profundas sobre usted mismo y ofreciendo consejos prácticos para la vida diaria que promueven el bienestar físico y el equilibrio emocional. A través de estas lecturas, puede comprenderse mejor a sí mismo en un nivel más profundo, dejando espacio para un cambio significativo en su vida.

El papel de la diosa Hécate en la adivinación

La diosa Hécate ha estado asociada durante mucho tiempo con la adivinación y la profecía. En la antigua mitología griega, Hécate era representada a menudo como una poderosa diosa del conocimiento sobrenatural, que unía el mundo mortal con los reinos divinos. Era la diosa de las encrucijadas, y su presencia en esos lugares le permitía ser vista como portadora de mensajes del futuro. También se la asocia con la magia negra y la nigromancia, lo que la convierte en una figura ideal para los rituales de adivinación.

En muchas culturas, Hécate es vista como guardiana de las puertas entre los mundos, y esta conexión con los viajes hace que sea fácil ver cómo se vinculó a la adivinación. Por ejemplo, las cartas del tarot son herramientas que Hécate utilizaba para viajar por el espacio y el tiempo, lo que le permitía comunicarse más eficazmente con los mortales en el presente. Estas cartas permiten acceder a acontecimientos pasados u obtener información sobre sucesos futuros. Además, Hécate se asocia a menudo con la astrología y los ciclos lunares. Los antiguos griegos la consultaban antes de embarcarse en un viaje o tomar decisiones importantes en la vida, ya que se creía que les ofrecía una visión de lo que les esperaba.

La asociación de Hécate con la nigromancia también está relacionada con la adivinación. La comunicación con los muertos puede proporcionar información sobre lo desconocido en el mundo de los vivos. Esto puede adoptar muchas formas. Se podía recurrir a médiums o videntes especializados en interpretar señales del más allá, consultar textos ocultistas para obtener consejos sobre la vida y la muerte, o incluso entrar en estados de trance en los que se podían revelar visiones del más allá. Todos estos métodos combinados (cartas del tarot, astrología/ciclos lunares y nigromancia) permitían a Hécate proporcionar a los devotos que buscaban conocimiento, tanto mundano como espiritual, una forma de acceder a capas más profundas de conocimiento que les permitían tomar decisiones informadas basadas en un enfoque más holístico que basarse únicamente en pruebas físicas.

Artes adivinatorias asociadas con Hécate

1. La bola de cristal

Es una antigua forma de adivinación que consiste en mirar dentro de un objeto en forma de orbe, como una bola de cristal o una superficie reflectante, para recibir ideas y mensajes del reino espiritual. Se cree que esta práctica tiene siglos de antigüedad y ha sido utilizada con frecuencia por místicos y videntes para invocar visiones del futuro. También puede utilizarse para comprender mejor las experiencias de la vida personal. Durante la búsqueda con la bola de cristal, el practicante enfoca su mirada profundamente en la esfera mientras respira profundamente en un esfuerzo por alcanzar un estado meditative. Una vez aplicados estos métodos, pueden aparecer imágenes en la bola de cristal que se interpretan de acuerdo con las creencias y los conocimientos simbólicos del individuo. Al interpretar estas imágenes, los practicantes deben mantener la mente abierta y no juzgar para poder comprender mejor lo que están viendo. Además de recibir mensajes proféticos, quienes se dedican a esta práctica afirman sentir paz, claridad mental y una mayor intuición.

Las bolas de cristal pueden potenciarse con la magia de Hécate, ya que están enraizadas en la misma energía espiritual de la diosa Hécate.

La magia de Hécate puede incorporarse al escrutinio de la bola de cristal preparando primero el espacio, montando el altar y reuniendo suministros como incienso, velas, hierbas, piedras o cartas del tarot que correspondan a las energías de la diosa. También debe haber un altar con imágenes de Hécate, junto con otros objetos que representen sus dominios, como llaves, monedas y hierbas. Se deben encender velas en tonos morados, negros, plateados o blancos alrededor de la zona como símbolos de la presencia de Hécate. También se puede utilizar mirra o incienso para aumentar las energías que rodean el espacio ritual. A continuación, debe ofrecer una oración o invocación para invocar su espíritu en la sala y permitir que su energía infunda su práctica.

Cuando esté preparado, se debe invocar a Hécate o cantar en voz alta para invocar su guía y su poder. Esta invocación debe expresar gratitud por su presencia y pedir protección contra los peligros que puedan surgir durante la sesión de adivinación. Una vez completada esta invocación, se puede pasar a mirar la bola de cristal para recibir mensajes de reinos espirituales más allá del nuestro.

Una vez que el espacio está preparado y bendecido, es hora de empezar a adivinar con la bola de cristal. Comience sosteniendo la bola con ambas manos mientras se concentra en la energía de Hécate y pide orientación. Hacer preguntas en silencio dentro de sí mismo traerá visiones psíquicas desde las profundidades de la bola de cristal. Enfoque su visión en las profundidades de la esfera como si mirara a través de una ventana hacia otro reino, permitiendo que imágenes y símbolos aparezcan ante su ojo interior para proporcionarle una visión de la pregunta formulada.

Las energías que fluyen a través de la bola de cristal pueden utilizarse para ayudar a interpretar estas visiones. Por ejemplo, si ve símbolos relacionados con la protección o la tutela durante el escrutinio, puede considerar cómo esto se relaciona con la energía protectora de Hécate y reflexionar sobre lo que significa para su vida. Al mirar en la bola de cristal, es importante permanecer abierto y relajado para recibir mejor la información de estos reinos invisibles a través de imágenes visuales o pensamientos que surgen de sí mismo o de fuentes externas. Además, el uso de cartas de tarot con los mismos temas que el reino de Hécate, como la muerte y el renacimiento, el cruce de fronteras o la navegación por la oscuridad, puede mejorar aún más su práctica adivinatoria al proporcionar una interpretación más profunda de los mensajes de la bola de cristal.

Cuando la sesión de adivinación haya terminado, agradezca a Hécate su guía antes de liberar su energía de la habitación. Puede utilizar otra oración o invocación, y el ritual debe terminar con la extinción de las velas o incienso que se hayan utilizado.

La combinación de la bola de cristal con la magia de Hécate permite llegar a una comprensión más profunda del camino de la vida y comprender mejor los misterios del mundo que nos rodea. Como diosa antigua asociada desde hace mucho tiempo a los portales entre los reinos, las energías de Hécate son inestimables para explorar lo desconocido a través de la adivinación. Al invitar a su espíritu en su práctica, usted será capaz de acceder a la poderosa guía de más allá de nuestro reino físico y hacer uso de su magia de una manera segura e informada.

Al incorporar a Hécate en la adivinación con bolas de cristal, se pueden obtener grandes conocimientos conectando con su inmensa energía. Ella utilizará su dominio sobre la magia y el misticismo para ayudarle adecuadamente cuando la invoque. Cuando se hace correctamente, la bola de cristal es una práctica poderosa que puede permitir la exploración más allá del reino físico. Hécate le guiará en su camino si está dispuesto a solicitar su ayuda.

2. Escrutinio con espejo negro

El escrutinio con espejo negro es una antigua práctica psíquica adivinatoria en la que se mira en una superficie, normalmente un espejo negro o de color oscuro, para obtener información, reflejos y conexión. Se ha utilizado desde la antigüedad para conectar con el mundo espiritual y revelar conocimientos ocultos. Las únicas herramientas que se necesitan son una habitación tranquila y oscura, un espejo negro de obsidiana o hematita, o un cuenco o recipiente vacío lleno de agua sin gas. Este proceso estimula la intuición y permite a la persona indagar más profundamente en su subconsciente para comprender situaciones o entenderse mejor a sí misma.

Cuando se practica la adivinación con un espejo negro, se puede invocar la presencia de Hécate para conectar con el mundo de los espíritus y obtener información más allá del velo de la muerte. Para utilizar eficazmente esta magia, es importante comprender la relación entre usted y Hécate. Puede servir tanto de guía como de protectora, ofreciendo su sabiduría cuando se le pide ayuda. Sin embargo, es crucial mostrar respeto y evitar peticiones exigentes o irrespetuosas, ya que Hécate solo responderá de la misma manera.

Para incorporar la magia de Hécate a sus sesiones de adivinación con espejos negros, el primer paso consiste en crear un altar o espacio sagrado para su ritual. Este espacio debe incluir elementos que representen a la diosa y su poder, como una estatua o figurilla, velas, incienso y otros objetos significativos. Meditar sobre estos objetos puede ayudarle a establecer una conexión con Hécate y a abrirse a su influencia. También es importante utilizar energía protectora al invocar a la diosa, por ejemplo dibujando un círculo a su alrededor con sal para crear un límite entre usted y cualquier entidad negativa presente durante el ritual.

Además de crear un espacio sagrado, puede utilizar símbolos asociados con Hécate durante el ritual de adivinación con espejo negro. Por ejemplo, un trisquel, una rueda de tres patas, puede representar el conocimiento adquirido a través de los viajes entre los mundos, simbolizando el proceso de cruzar a los reinos no físicos a través del espejo negro. Puede dibujar una representación del trisquel en la superficie del espejo negro o colocarlo cerca durante el ritual. Además, puede incorporar varias plantas asociadas con Hécate, como la artemisa y la raíz de mandrágora, conocidas por su capacidad para provocar visiones proféticas durante las prácticas adivinatorias. Añadir estas plantas directamente sobre la superficie del espejo negro o colocarlas cerca de él puede aumentar su poder cuando se utilizan dentro de este tipo de trabajo ceremonial dedicado al patrocinio de Hécate.

Además de utilizar símbolos visuales asociados con Hécate, también se pueden utilizar invocaciones verbales durante un ritual de adivinación con espejos negros para pedir guía desde más allá de este reino. Estas invocaciones deben incluir peticiones de perspicacia personal y protección mientras se realizan actividades de adivinación como las que implican espejos. Las invocaciones pueden tomar muchas formas, incluyendo oraciones habladas y recitaciones de poemas, permitiendo a los participantes dar forma a su conexión personal con Hécate de acuerdo a sus necesidades e intenciones para esa sesión en particular.

Una vez que haya creado su altar y establecido una conexión con Hécate, estará listo para empezar a adivinar con el espejo negro. Centre su atención en la superficie oscura del espejo y permítase entrar en un estado meditativo. Mientras visualiza a Hécate en su forma tricéfala, pídale ayuda y guía para comprender lo que hay más allá de la superficie del espejo. En este punto, a muchos practicantes les gusta realizar un ejercicio de visualización guiada o explorar su propia mente en un esfuerzo por descubrir conocimientos ocultos o visiones que puedan aparecer en el reflejo del espejo negro. Mientras mira en sus profundidades, tome nota de cualquier imagen, símbolo o palabra que le venga a la mente, ya que esto puede proporcionarle una valiosa información sobre su comprensión espiritual y su crecimiento personal.

Una vez que sienta que ha explorado sus pensamientos internos y cualquier visión que pueda aparecer en el espejo, agradezca a Hécate su ayuda antes de finalizar el ritual.

La magia hecateana y la adivinación con espejos negros pueden ser una combinación increíblemente poderosa cuando se practican con responsabilidad y respeto por el poder de la diosa. Con sus fuerzas combinadas, puede descubrir verdades interiores y obtener una visión de lo que le espera, lo que le permite tomar decisiones basadas en el conocimiento en lugar del miedo o la incertidumbre.

Al incorporar la magia hecateana en el escrutinio del espejo negro, puede abrirse a un nuevo reino de exploración espiritual y obtener información sobre su vida pasada, su situación actual y sus posibilidades futuras. Cuando se utiliza correctamente, esta poderosa magia puede revelar verdades ocultas sobre sí mismo y ayudar a guiarlo en su viaje hacia el crecimiento personal y la iluminación. Con práctica y dedicación, cualquiera puede utilizar estas técnicas ancestrales para explorar su propio poder y profundizar su conexión con lo divino

3. Tarot/cartas milagrosas

Si le interesa la adivinación, es posible que haya oído hablar del oráculo y las cartas del tarot como herramientas populares para obtener información y orientación. Las cartas del tarot, que constan de 78 naipes, a menudo incorporan símbolos astrológicos, arquetipos y numerología. La interpretación de estas cartas se basa en la intuición del lector y en el simbolismo desarrollado a lo largo de los siglos. Por otro lado, las cartas del oráculo tienen un diseño más sencillo y suelen tener entre 25 y 40 cartas individuales que pueden utilizarse solas o combinadas con otras barajas, y la intuición del lector también interpreta los significados. Personas de todo el mundo han utilizado estas herramientas durante siglos para acceder a la sabiduría superior y obtener información sobre diversas cuestiones.

Si practica la magia de Hécate y está interesado en utilizar las cartas del tarot o del oráculo, puede incorporar la energía de Hécate a sus lecturas. Por ejemplo, puede utilizar imágenes que representen a Hécate, como su forma clásica grecorromana con tres cabezas, en la cara de las cartas. También puede utilizar símbolos asociados a Hécate, como llaves, antorchas, serpientes o perros, para evocar su presencia en la baraja. Con una ofrenda de oración o elementos rituales, puede conectar con su energía para obtener claridad sobre los problemas a los que se enfrenta.

Además, puede incorporar temas estrechamente relacionados con la energía de Hécate, como los ciclos. Las cartas de los arcanos mayores podrían representar los ciclos de vida, muerte y renacimiento con los que tradicionalmente se ha asociado a Hécate. Se pueden utilizar imágenes, como una serpiente comiéndose su propia cola, o símbolos, como una rueda o una espiral, para transmitir estos temas en las lecturas. Muchos practicantes de la brujería hekateana ven las cartas del tarot como recipientes que pueden utilizarse para invocar la guía espiritual de la propia diosa protectora.

El uso de las cartas del tarot o del oráculo en combinación con la magia de Hécate puede ser una herramienta poderosa para obtener información y orientación en su práctica espiritual. Al incorporar la energía y los temas de Hécate en sus lecturas, puede profundizar su conexión con ella y comprender mejor los problemas a los que se enfrenta.

Hécate también tiene una fuerte conexión con la luna, especialmente con las lunas nueva, oscura y menguante, por lo que la incorporación de este elemento a las cartas del oráculo invocaría eficazmente su presencia. Las propias imágenes de las cartas podrían incluir representaciones de lunas crecientes, estrellas, lobos aullando a la luna y otros elementos simbólicos asociados con el ciclo lunar. Del mismo modo, la conexión de Hécate con las encrucijadas y los espacios liminales podría explorarse en las lecturas del tarot utilizando motivos visuales como dos caminos que se encuentran en medio de la nada o un personaje al borde de un acantilado.

Además de los elementos visuales, también se podría invocar su presencia mediante palabras y frases, impresas en las cartas o utilizadas durante las lecturas. Por ejemplo, palabras clave asociadas a Hécate, como "liminal", "ciclo", "camino" o "viaje", pueden invocar su energía. Del mismo modo, afirmaciones como "estoy presente en este momento" también podrían incluirse en el anverso de las cartas del oráculo para recordar a los lectores que no están solos en su viaje y que Hécate está ahí para guiarles.

La magia de Hécate puede incorporarse a la estructura de las propias lecturas de tarot y oráculo. En general, la mayoría de las barajas incorporan tres cartas, cada una de las cuales representa un elemento del pasado, del presente y del futuro. Esto podría ampliarse para representar las tres caras de Hécate en la lectura. Por ejemplo, una carta podría representar su aspecto de doncella (pasado), otra su aspecto de madre (presente) y la tercera su aspecto de arpía (futuro). También se puede utilizar una tirada de nueve cartas para representar el papel de Hécate como diosa triple. En este caso, a cada grupo de tres cartas se le asigna su propio tema o área de enfoque; por ejemplo, un grupo podría centrarse en la curación, mientras que otro grupo podría centrarse en la transformación.

La incorporación de la magia hecateana en las barajas de tarot u oráculo puede ser una excelente forma de mejorar la experiencia de lectura e invocar su energía en la vida cotidiana. A través de motivos visuales, palabras/frases y estructuras de tirada únicas, los lectores pueden acceder de forma interactiva y creativa a la sabiduría de Hécate, que sigue arraigada en las prácticas tradicionales de brujería.

4. Lanzamiento de huesos

La magia hecateana puede incorporarse al lanzamiento de huesos, también conocido como escapulimancia. La adivinación con huesos consiste en tomar un conjunto de huesos de animales y crear una tirada a partir de ellos para buscar patrones que ofrezcan información sobre el futuro o respuestas a preguntas formuladas por el participante en el ritual. Hécate puede ser invocada en este ritual de varias maneras. El lanzamiento de huesos de Hécate es un tipo específico de adivinación con huesos en el que el practicante utiliza talismanes asociados con Hécate, como pinzas de cangrejo de río, plumas de buitre y raíz de mandrágora, para lanzar los huesos y vislumbrar lo que le espera.

Antes de comenzar cualquier trabajo mágico, es importante tener una mentalidad adecuada y centrar las intenciones en lo que se quiere obtener de la experiencia. Para el lanzamiento de huesos hecateano, encienda una vela o incienso dedicado a Hécate y rece una invocación u oración pidiéndole ayuda en su adivinación. Durante el ritual de adivinación, a menudo se hacen ofrendas de incienso para honrar a Hécate e invitar a su protección mientras se trabaja con fuerzas espirituales. El tipo de incienso utilizado suele basarse en hierbas sagradas para Hécate, como el enebro o el ciprés, que se cree que la acercan. Muchos practicantes dibujan un pentáculo en el suelo antes de comenzar el ritual, invocando la presencia de Hécate en él. También se puede colocar cerca un icono o una estatua de Hécate como ofrenda y símbolo de su presencia.

Tras establecer esta conexión con la diosa, elija un conjunto de huesos por el que se sienta atraído. El tipo de hueso utilizado variará en función del practicante. Una vez elegido el conjunto de huesos que prefiera, límpielos en una mezcla de romero y agua salada antes de secarlos y cargarlos de energía mediante la meditación.

Una vez que los huesos están cargados y listos para su uso, es hora de empezar a lanzarlos. Empiece extendiendo un paño blanco en el suelo con el conjunto de huesos que haya elegido en el centro. Coloque ambas manos sobre los huesos y concentre sus intenciones en lo que desea aprender de ellos. Empiece a hacer rodar lentamente los huesos mientras formula una pregunta concreta o se centra en un aspecto de la vida que desee comprender. Mientras hace rodar los huesos, preste mucha atención a cómo interactúan entre sí y si surge algún patrón entre ellos a medida que se mueven por la tela. Cada hueso tendrá su propio significado, así que observe cuáles se acercan más que otros y utilice la intuición para hacer interpretaciones.

Tras completar el lanzamiento de huesos y buscar cualquier patrón que pueda aparecer en él, los practicantes pueden optar por pedir más orientación a Hécate meditando sobre su iconografía o dibujando símbolos adicionales relacionados con ella, como estrellas o llaves. Además, se pueden ofrecer oraciones para pedirle que nos guíe sobre la mejor manera de interpretar lo que se ha recibido a través de la lectura de los huesos.

Una vez que sepa lo que los huesos podrían estar diciéndole, tómese un tiempo para reflexionar sobre sus mensajes y considere cómo podrían relacionarse con su situación actual o su camino futuro. Por último, después de recibir cualquier información obtenida a través de este proceso, es costumbre dar las gracias a Hécate por su ayuda y hacer ofrendas una vez más en señal de gratitud, ya sea verbalmente o con la quema de incienso.

El lanzamiento de huesos de Hécate es una poderosa práctica adivinatoria que puede proporcionar a los practicantes valiosos conocimientos sobre su presente y su futuro. Al conectar con la diosa Hécate y utilizar la intuición para interpretar los mensajes de los huesos, los practicantes pueden comprender mejor sus vidas y tomar decisiones fundamentadas basándose en la información que reciben.

Bonus: Himno órfico a Hécate

Texto traducido:

"Llamo a Hécate de las encrucijadas, adorada en el encuentro de tres caminos, oh encantadora.

En el cielo, la tierra y el mar, se te venera con tus vestiduras color azafrán.

Daimôn fúnebre, celebrando entre las almas de los que han fallecido.

Persa, aficionada a los lugares desiertos, te deleitas con los ciervos.

Diosa de la noche, protectora de los perros, reina invencible.

Arrastrada por un yugo de toros, eres la reina que posee las llaves de todos los cosmos.

Comandante, Nýmphi, nutridora de los niños, tú que rondas las montañas.

Ora, Doncella, asiste a nuestros rituales sagrados;

Sé siempre clemente con tu pastor místico y regocíjate con nuestros dones de incienso".

Texto original griego:

"Εἰνοδίην Ἑκάτην κλῄζω, τριοδῖτιν, ἐραννήν,
οὐρανίην, χθονίαν τε, καὶ εἰναλίην κροκόπεπλον,
τυμβιδίην, ψυχαῖς νεκύων μέτα βακχεύουσαν,
Πέρσειαν, φιλέρημον, ἀγαλλομένην ἐλάφοισιν,
νυκτερίην, σκυλακῖτιν, ἀμαιμάκετον βασίλειαν,

*ταυροπόλον, παντὸς κόσμου κληιδοῦχον ἄνασσαν,
ἡγεμόνην, νύμφην, κουροτρόφον, οὐρεσιφοῖτιν,
λισσόμενοις κούρην τελεταῖς ὁσίαισι παρεῖναι
βουκόλῳ εὐμενέουσαν ἀεὶ κεχαρηότι θυμῷ"*.

Conclusión

La diosa Hécate es conocida por tener un lado bueno y otro malo. Es la deidad de la brujería, las puertas, la magia, la luna, la nigromancia y las criaturas asociadas a la noche. El inmenso poder de Hécate es innegable, por lo que algunas personas la asocian con el poder oscuro y el mal. Sin embargo, la mayoría la considera la deidad de la protección y la guía. A menudo se la representa como una hermosa mujer con una antorcha en la mano, lo que significa su asociación con la oscuridad y la noche. También se la suele representar con tres caras, que simbolizan su papel como deidad de las encrucijadas y su capacidad para mirar y vigilar en todas direcciones.

Aunque es una figura muy popular en la mitología griega y en el mundo de la brujería, en un principio nunca fue miembro del panteón griego. Al igual que las deidades Dioniso y Deméter, Hécate tiene su origen en la antigua Tracia, que es anterior a la antigua Grecia. Originalmente, se creía que la diosa gobernaba los mares, los cielos y la tierra. Todas las deidades, incluido Zeus, el rey de los dioses griegos, honraban a Hécate. También era la única deidad de la época que conservaba sus poderes tras aliarse con los olímpicos para derrotar a los titanes.

Con el tiempo, el poder de Hécate se fue definiendo hasta convertirse en la diosa protectora de las brujas, la magia y las encrucijadas que conocemos hoy en día. Los neopaganos la consideran un símbolo destacado de sus prácticas y un arquetipo entre las deidades. Los wiccanos, hasta el día de hoy, la veneran como la diosa de la magia, la oscuridad y la luna.

Ahora que ha leido este libro, ya sabe todo lo que necesita saber sobre Hécate. Conocer su historia, sus relatos, cómo se manifiesta y lo que significa para diferentes personas puede ayudarle a trabajar con ella de forma más eficaz. Conocer todos los símbolos y herramientas asociados a la diosa le permitirá construir el altar perfecto y le dará ideas sobre qué objetos incorporar a su vida diaria. Hacer de los aspectos de Hécate una parte constante de su vida puede ayudarle a fortalecer su relación con ella.

Aprender qué ofrendas dar a Hécate le demuestra cuánto la respeta y la aprecia. Dar a las deidades ofrendas significativas es clave para construir relaciones con ellas. No todas las deidades prefieren las mismas ofrendas, lo que es significativo para una deidad puede ser irrespetuoso para otra. Por eso debe comprobar qué ofrendas son apropiadas para Hécate una vez que haya montado su altar.

Después de leer esta guía definitiva para entender a Hécate, debería haber comprendido cómo se relaciona con ella y haber determinado la mejor manera de llevar a cabo su práctica. Ahora que está listo para empezar a trabajar con la diosa, siempre puede volver a este libro en busca de orientación. Aunque puede que necesite la orientación de un practicante experimentado si desea profundizar, este libro puede ayudarle a comprender los conceptos básicos que necesita para avanzar en su viaje con Hécate.

Vea más libros escritos por Mari Silva

Su regalo gratuito

¡Gracias por descargar este libro! Si desea aprender más acerca de varios temas de espiritualidad, entonces únase a la comunidad de Mari Silva y obtenga el MP3 de meditación guiada para despertar su tercer ojo. Este MP3 de meditación guiada está diseñado para abrir y fortalecer el tercer ojo para que pueda experimentar un estado superior de conciencia.

https://livetolearn.lpages.co/mari-silva-third-eye-meditation-mp3-spanish/

¡O escanee el código QR!

Referencias

(Sin fecha). Umich.edu. http://websites.umich.edu/~umfandsf/symbolismproject/symbolism.html/L/ladder.html#:~:text=The%20ladder%20(or%20staircase)%20is,on%20the%20ladder%20of%20virtue.

(Sin fecha). Usnews.com. https://www.usnews.com/news/best-countries/articles/2017-01-13/13-superstitions-from-around-the-world

(Sin fecha-a). History.com. https://www.history.com/news/why-do-people-knock-on-wood-for-luck#:~:text=One%20common%20explanation%20traces%20the,a%20stroke%20of%20good%20luck.

(Sin fecha-b). Usnews.com. https://www.usnews.com/news/best-countries/articles/2017-01-13/13-superstitions-from-around-the-world

10 supersticiones alimentarias. (Sin fecha). Walkingpalates.com. https://www.walkingpalates.com/en-UK/10-food-superstitions.php

5 supersticiones sobre funerales y cementerios. (Sin fecha). Planificación conmemorativa. https://www.memorialplanning.com/blog/5-superstitions-about-funerals-and-cemeteries

7 locas supersticiones alimentarias que hay que digerir. (5 de febrero de 2015). Almanaque del agricultor - Planifique su día. Haga crecer su vida; Almanaque del agricultor. https://www.farmersalmanac.com/food-superstitions-20419

7 supersticiones alimentarias que debe recordar. (Sin fecha). Christopher-torrevieja.com. https://www.christopher-torrevieja.com/7-food-superstitions-you-must-remember/

8 extrañas supersticiones alimentarias. (14 de noviembre de 2015). Tastemade. https://www.tastemade.com/articles/8-bizarre-food-superstitions/

Ablan, D. (16 de abril de 2014). Asbury Park Press. Asbury Park Press. https://www.app.com/story/life/food/2014/04/16/hot-cross-buns-ward-off-evil-spirits/7734891/

ArtDependence. (Sin fecha). ArtDependence. ArtDependence. https://www.artdependence.com/articles/symbolism-in-art-the-egg/

Arts, G. (Sin fecha). 18 supersticiones de todo el mundo. Google Arte y Cultura. https://artsandculture.google.com/story/18-superstitions-from-around-the-world/QQIyTWmzJ9QvLg

Arts, G. (Sin fecha). ¿Paraguas o sombrilla? Google Arte y Cultura. https://artsandculture.google.com/usergallery/YAISMX_YucmALg

Athira. (12 de septiembre de 2022). Caminar bajo escaleras - significado de la superstición. Símbolo Sabio. https://symbolsage.com/walking-under-ladders/

Benadmin, & Heath, F. (2 de abril de 2017). Por qué DEBE pedirle un deseo a una pestaña caída. Benito. https://benitobrowbar.com/2017/04/03/why-you-must-wish-on-a-fallen-eyelash/

Bhattacharjee, S. (26 de agosto de 2021). Las 7 supersticiones más comunes de la gente de mar. Marine Insight. https://www.marineinsight.com/life-at-sea/7-most-common-superstitions-of-seafarers/

Brodsky, S., & Schubak, A. (11 de octubre de 2017). 55 de las supersticiones más extrañas de todo el mundo. Good Housekeeping. https://www.goodhousekeeping.com/life/g4489/strangest-superstitions/

Celestial Omens. (Sin fecha). Arizona.edu. http://ircamera.as.arizona.edu/NatSci102/NatSci/images/extomens.htm

Presagios celestes. (Sin fecha). Imss.Fi.It. https://brunelleschi.imss.fi.it/galileopalazzostrozzi/object/CelestialOmens.html

Charbonneau, J. (19 de abril de 2022). Folclore de jardín: 10 supersticiones y tradiciones. Southern Exposure Seed Exchange | Salvar el pasado para el futuro; Southern Exposure Seed Exchange. https://blog.southernexposure.com/2022/04/garden-folklore-10-superstitions-and-traditions/

Supersticiones chinas sobre colores, números y flores. (19 de julio de 2021). Estudio de idiomas Han Hai. https://www.hanhai-language.com.sg/blog/2021/7/19/chinese-superstitions-on-colours-numbers-and-flowers

Coldiron, R. (11 de septiembre de 2020). Supersticiones alimentarias de todo el mundo para añadir a su menú de Halloween. Martha Stewart. https://www.marthastewart.com/7983443/food-superstitions-from-around-world

Cookist. (7 de abril de 2020). Pan volteado sobre la mesa. ¿Sabe por qué lo prohíbe la tradición? Cookist. https://www.cookist.com/bread-turned-upside-down-on-the-table-do-you-know-why-tradition-forbids-it/

Cowan, D. (2021, 11 de agosto). Mala suerte para la fauna: 7 supersticiones sobre animales - Zoológico y Acuario de Point Defiance. Zoológico y Acuario de Point Defiance. https://www.pdza.org/bad-luck-for-wildlife/

Diferencia entre mito y superstición. (28 de marzo de 2015). Compara la diferencia entre términos similares. https://www.differencebetween.com/difference-between-myth-and-vs-superstition/

Dimitar, D. (25 de mayo de 2021a). 10 extrañas supersticiones sobre bebés y paternidad en todo el mundo (parte 1). Babyology-care.com. https://babyology-care.com/blog/post/10-strange-superstitions-about-babies-and-parenting-around-the-world-part-1

Dimitar, D. (1 de junio de 2021b). 10 extrañas supersticiones sobre bebés y crianza en todo el mundo (parte 2). Babyology-care.com. https://babyology-care.com/blog/post/10-strange-superstitions-about-babies-and-parenting-around-the-world-part-2

Drinkwater, K., & Dagnall, N. (2 de julio de 2018). La ciencia de la superstición - y por qué la gente cree en lo increíble. The Conversation. http://theconversation.com/the-science-of-superstition-and-why-people-believe-in-the-unbelievable-97043

Historia y hechos de la adivinación. (Sin fecha). Study.Com. https://study.com/academy/lesson/fortune-telling-history-facts.html

Fuller, M. (25 de agosto de 2016). Las supersticiones más extrañas de todo el mundo. AFAR Media. https://www.afar.com/magazine/the-weirdest-superstitions-from-around-the-world

Gallary, C. (20 de noviembre de 2014). ¿Qué es un hueso de horquilla y por qué lo rompemos? Kitchn; Apartment Therapy, LLC. https://www.thekitchn.com/what-is-a-wishbone-and-why-do-we-crack-it-ingredient-intelligence-21302

Google Arte y Cultura. (Sin fecha). 18 supersticiones de todo el mundo. Google Arte y Cultura. https://artsandculture.google.com/story/18-superstitions-from-around-the-world/QQIyTWmzJ9QvLg

Google Arte y Cultura. (Sin fecha). Adivinación y superstición. Google Arte y Cultura. https://artsandculture.google.com/story/fortune-telling-and-superstition/EgVxiGLYKrypLg

Guía, I. (2018, 12 de abril). Supersticiones sobre viajes y buena suerte. Guía de la inspiración; Iberostar. https://www.iberostar.com/en/inspiration-guide/lifestyle/superstitions-how-ensure-good-fortune-travels/

Hale, R. (1518014788000). ¿Cuál es su número de la suerte (o de la no tan buena suerte)? Linkedin.com. https://www.linkedin.com/pulse/whats-your-lucky-so-number-richard-hale

Harte, J. (2018). Observaciones supersticiosas: la adivinación en la cultura popular inglesa. Tiempo y mente, 11(1), 67–88. https://doi.org/10.1080/1751696x.2018.1433357

En honor del viernes 13, he aquí 13 supersticiones de pájaros. ¿Lo ha hecho? (9 de julio de 2015). Audubon California. https://ca.audubon.org/news/13-bird-superstitions

¿Da mala suerte abrir un paraguas dentro de casa? (Sin fecha). Wonderopolis.org. https://wonderopolis.org/wonder/Is-It-Bad-Luck-to-Open-an-Umbrella-Indoors

Johanne. (5 de junio de 2016). Arroz. Buena suerte, Símbolos. https://goodlucksymbols.com/rice/

Johanne. (2021, 31 de agosto). Las supersticiones del pan. Buena suerte, Símbolos. https://goodlucksymbols.com/bread-superstitions/

Johnson, S., & BA. (11 de marzo de 2021). 16 supersticiones funerarias de todo el mundo. Joincake.com. https://www.joincake.com/blog/funeral-superstitions/

KADALYS. (Sin fecha). Platanero maravilloso. KADALYS. https://kadalys.com/en/pages/bananier

Kelly, N. (30 de julio de 2013). Números de mala suerte que espantan a los clientes. Harvard Business Review. https://hbr.org/2013/07/the-bad-luck-numbers-that-scar

Lestz, M. (12 de enero de 2017). El pan y la mala suerte: Una superstición francesa. Margo Lestz - La divagadora curiosa; Margo Lestz. https://curiousrambler.com/bread-and-bad-luck/

Lombardi, E. (25 de agosto de 2003). ¿Cuál es la diferencia entre mito, folclore y leyenda? ThoughtCo. https://www.thoughtco.com/defining-terms-myth-folklore-legend-735039

Números de la suerte y de la desgracia en el mundo. (Sin fecha). El mundo de los niños y la cultura internacional de Mama Lisa. https://www.mamalisa.com/blog/lucky-and-unlucky-numbers/

Mandov, G. (1 de julio de 2015). Cómo leer señales y presagios. Paz interior y exterior. https://innerouterpeace.com/how-to-read-signs-and-omens-in-everyday-life/

Martin, G. (Sin fecha). "¿Por qué el pan siempre cae con la mantequilla hacia abajo?" - el significado y el origen de esta frase. Buscador de frases. https://www.phrases.org.uk/meanings/butter-side-down.html

Meno, A. (26 de enero de 2023). 15 supersticiones desconcertantes de todo el mundo sobre los bebés y el embarazo. Cracked.com. https://www.cracked.com/image-pictofact-9666-15-mystifying-superstitions-about-babies-and-pregnancy-from-around-the-world

MIniac, M. (3 de enero de 2015). Números de la suerte y de la desgracia de todo el mundo. Sitio de Sottypong-Review. https://sottyreview.wordpress.com/2015/01/04/lucky-and-unlucky-numbers-from-around-the-world/

Mitos y supersticiones del espejo. (5 de febrero de 2020). Espejos bidireccionales. https://www.twowaymirrors.com/mirror-superstitions/

Mulu, R. (21 de junio de 2021). Simbolismo y significado de la sal. Símbolo Salvia. https://symbolsage.com/salt-symbolism-and-meaning/

Numerología: Números de la suerte y de la desgracia. (3 de marzo de 2013). SchoolWorkHelper. https://schoolworkhelper.net/numerology-lucky-unlucky-numbers/

Ottermann, B. (22 de mayo de 2011). 13 supersticiones alimentarias. Health24. https://www.news24.com/health24/diet-and-nutrition/healthy-foods/13-food-superstitions-20120721

Patch, F. (19 de febrero de 2019). 40 Supersticiones filipinas que debe conocer durante funerales y velorios. Flower Patch - Envío de flores en línea Filipinas |; Flower Patch - Envío de flores en línea Filipinas. https://flowerpatchdelivery.com/blog/40-filipino-superstitions-funerals-and-wakes/

Petrova, E. (16 de febrero de 2020). 5 curiosas supersticiones sobre el pan que no se esperaría. Alimentación helénica. https://hellenicgrocery.co.uk/blogs/blog/5-curious-bread-superstitions-wouldnt-expect

Queaño, P. (29 de abril de 2016). 10 supersticiones alimentarias en 10 países. Blog de viajes de Opodo; Opodo. https://www.opodo.co.uk/blog/food-superstitions/

Raga, S. (9 de mayo de 2016). 14 Supersticiones de buena suerte de todo el mundo. Mental Floss. https://www.mentalfloss.com/article/79409/14-good-luck-superstitions-around-world

Raymond, C. (Sin fecha). 13 supersticiones muertas y moribundas. Funeralhelpcenter.com. https://www.funeralhelpcenter.com/13-death-dying-superstitions/

Reum, Y. (Sin fecha). Simbolismo de los espejos como primer paso de la individuación y la autoconciencia. E-jsst.org. https://www.e-jsst.org/upload/jsst-9-1-45.pdf

Rhys, D. (2 de agosto de 2022a). 10 supersticiones sobre los espejos. Símbolo Sabio. https://symbolsage.com/superstitions-about-mirrors/

Rhys, D. (29 de septiembre de 2022b). Abrir un paraguas en el interior: ¿cómo invertir sus efectos? Símbolo Sabio. https://symbolsage.com/opening-umbrella-indoors-bad-luck/

Saladino, E. (6 de marzo de 2018). Porqué nunca debe brindar con agua en el vaso. VinePair. https://vinepair.com/articles/bad-luck-toast-water-navy/

Sprankles, J. (25 de junio de 2018). 10 veces que la regla de los tres de la muerte de celebridades realmente sucedió. SheKnows. https://www.sheknows.com/entertainment/slideshow/9629/celebrity-death-rule-of-threes/9/

Stanek, A. (21 de marzo de 2022). 7 supersticiones sobre herraduras que se siguen practicando hoy en día. Herraduras de caballo. https://horseyhooves.com/horseshoe-superstitions/

Símbolos, colores, números, supersticiones y comida. (6 de mayo de 2019). Alemania Análisis de la cultura. https://germany789125405.wordpress.com/symbols-colors-numbers-superstitions-and-food/

Tempera, J. (14 de septiembre de 2022). Cómo encontrar sus números de la suerte en numerología y qué significa cada uno, según los expertos. Salud femenina. https://www.womenshealthmag.com/life/a41124320/lucky-numbers/

Tetrault, S., & BA. (5 de junio de 2020). 17 supersticiones sobre la muerte en todo el mundo. Joincake.com. https://www.joincake.com/blog/death-superstitions/

El Colegio de Estudios Psíquicos : Enlighten : Guía del adivino. (Sin fecha). Escuela Superior de Estudios Psíquicos. https://www.collegeofpsychicstudies.co.uk/enlighten/guide-to-scrying/

Significado y símbolo del yogur en sueños. (Sin fecha). Onlinedreamdictionary.com. https://www.onlinedreamdictionary.com/4389-the-meaning-and-symbol-of-yogurt-in-dream/

Trece supersticiones sobre animales. (Sin fecha). Gestión integrada avanzada de plagas. https://www.advancedipm.com/blog/2015/february/thirteen-animal-superstitions/

Timmons, J. (5 de enero de 2023). Cómo hacer una lectura básica de Tarot para usted o un amigo. Mindbodygreen. https://www.mindbodygreen.com/articles/how-to-do-a-basic-tarot-reading

Trujillo, N. (19 de marzo de 2015). 9 increíbles supersticiones sobre el embarazo en todo el mundo. Woman's Day. https://www.womansday.com/relationships/family-friends/g1783/pregnancy-superstitions/?slide=1

Turner, B. (17 de julio de 2015). 13 supersticiones sobre los números. HowStuffWorks. https://people.howstuffworks.com/13-superstitions-about-numbers.htm

Tuttle, R. (7 de febrero de 2013). Simbolismo de los colores y sus supersticiones. Pensamientos extraños al azar. https://oddrandomthoughts.com/symbolism-of-colors-and-their-superstitions/

Tuttle, R. (19 de mayo de 2013). Supersticiones sobre el pan y la docena de panaderos. Pensamientos extraños al azar. https://oddrandomthoughts.com/bread-in-bakery-myths-and-superstitions-about-bread/

Vergara, V. (20 de mayo de 2021). 9 supersticiones asociadas a plantas y jardines. https://the-line-up.com/; Open Road Media. https://the-line-up.com/plant-and-garden-superstitions

Verma, V. (28 de octubre de 2020). 6 supersticiones populares de jardinería que debería conocer. Winni - Celebrar las relaciones. https://www.winni.in/celebrate-relations/6-popular-garden-superstitions-that-you-should-be-aware-of/

Wagner, S. (Sin fecha). Pruebe la escritura automática y reciba mensajes del más allá. LiveAbout. https://www.liveabout.com/how-to-practice-automatic-writing-2593046

Webeck, D. (18 de enero de 2017). 13 supersticiones sobre el embarazo en todo el mundo. Stuff. https://www.stuff.co.nz/life-style/parenting/pregnancy/88535413/13-pregnancy-superstitions-from-across-the-globe

¿Por qué la cebolla? (Sin fecha). Onion-Collective. https://www.onioncollective.co.uk/why-onion

¿Por qué hay que comer ajo en ayunas? (18 de abril de 2015). The Times of India; Times Of India. https://timesofindia.indiatimes.com/life-style/health-fitness/home-remedies/why-you-should-eat-garlic-empty-stomach/articleshow/46957694.cms

Wigington, P. (Sin fecha). Métodos de adivinación. Learn Religions. https://www.learnreligions.com/methods-of-divination-2561764

wikiHow. (10 de noviembre de 2011). Cómo librarse de la mala suerte. WikiHow. https://www.wikihow.com/Get-Rid-of-Bad-Luck

Wolchover, N., & Dutfield, S. (28 de enero de 2022). El significado de los colores: El cómo 8 colores se convirtieron en simbólicos. Livescience.com; Live Science. https://www.livescience.com/33523-color-symbolism-meanings.html Un estudio sobre el folclore del condado de Clare: Supersticiones sobre animales y plantas. (Sin fecha). Clarelibrary.Ie. https://www.clarelibrary.ie/eolas/coclare/folklore/folklore_survey/chapter17.htm

Wolfe, S. E. (6 de abril de 2021). Métodos de adivinación para principiantes. Vida de bruja verde. Guía para principiantes sobre la lectura de las hojas de té. Hello Lunch Lady. https://hellolunchlady.com.au/blogs/blog/beginners-guide-reading-tea-leaves

Xing, J. (11 de agosto de 2022). 60 supersticiones comunes en las que creen personas de todo el mundo. YourTango. https://www.yourtango.com/self/common-superstitions-from-around-world-people-believe

Xing, J. (24 de enero de 2022). Simbolismo de los peces y significados espirituales de ver peces. YourTango. https://www.yourtango.com/2020335336/what-spiritual-meaning-fish

(N.d.). Poddtoppen.Se. https://poddtoppen.se/podcast/1481017209/keeping-her-keys/how-to-create-an-altar-of-hekate

(N.d.-a). Pdfgoes.com. https://pdfgoes.com/download/4015389-Hekate%20Liminal%20Rites%20A%20Study%20Of%20The%20Rituals%20Magic%20And%20Symbols%20Of%20The%20Torch%20Bearing%20Triple%20Goddess%20Of%20The%20Crossroads.pdf

(N.d.-b). Pdfgoes.com. https://pdfgoes.com/download/3533918-The%20Temple%20Of%20Hekate%20Exploring%20The%20Goddess%20Hckate%20Through%20Ritual%20Meditation%20And%20Divination.pdf

"HECATE (Hekate) - Diosa griega de la brujería, la magia y los fantasmas". s.f. Theoi.com. https://www.theoi.com/Khthonios/Hekate.html.

"El Deipnon de Hécate", s.f. Hellenion.org. https://www.hellenion.org/festivals/hekates-deipnon/.

"Honor a la reina de la noche, Hécate en su día", s.f. Campaign-archive.com. https://us20.campaign-archive.com/?u=08b2468195beb1c529a55ee1f&id=ad908f9c6a.

"Noumenia". s.f. Hellenion.org. https://www.hellenion.org/festivals/noumenia/.

ASTERIA. (s.f.). Theoi.com. https://www.theoi.com/Titan/TitanisAsteria.html

Bel, Bekah Evie. 2016. "Observando a Hécate Deipnon". Hearth Witch Down Under. 13 de junio de 2016. https://www.patheos.com/blogs/hearthwitchdownunder/2016/06/observing-hekates-deipnon.html.

Brannen, Cyndi. 2020. "Apoyándose en la encrucijada de Hécate en tiempos difíciles". Guardando sus llaves. 20 de mayo de 2020. https://www.patheos.com/blogs/keepingherkeys/2020/05/hekates-crossroads/.

Revista BUST. (2020, 26 de agosto). Deje que el antiguo espíritu de Hécate despierte su diosa oscura interior. Bust.com. https://bust.com/living/197579-hekate-dark-goddess-spirit-witch-empower.html

Cartwright, M. (2017). Hécate. Enciclopedia de la historia mundial. http://worldhistory.org/Hecate/

Cartwright, M. (2017). Hécate. Enciclopedia de la historia mundial. https://www.worldhistory.org/Hecate/

Cosette. 2021. "Observando el Deipnon y la Noumenia, rituales mensuales de Hécate". Sacerdotisa de las horas divinas | Lectora de tarot (blog). Cosette. 21 de octubre de 2021. https://cosettepaneque.com/observing-the-deipnon-and-noumenia-hecates-monthly-rituals/.

Creación de un altar - el pacto de Hécate (CoH). (sin fecha). Hekatecovenant.com. http://hekatecovenant.com/rite-of-her-sacred-fires/useful-info/creating-an-altar/

d'Este, S. (2020, 24 de agosto). La rueda de Hécate y la rueda del iynx. Adamantine Muse. https://www.patheos.com/blogs/adamantinemuse/2020/08/hekates-wheel-the-iynx-wheel/

Dharni, A. (2020, 12 de agosto). Reina de las flores de la noche floreciendo en un vídeo de lapso de tiempo es la naturaleza en su mejor momento. India Times. https://www.indiatimes.com/trending/environment/queen-of-the-night-flowers-blooming-time-lapse-video-520110.html

Erickson, J. (2019, 6 de junio). Hierbas de Hécate. Medium. https://janerickson.medium.com/herbs-of-hecate-8399d08ca8c6

Fields, K. (2020, 21 de enero). Hécate: 15 formas de trabajar con la diosa de la brujería. Oráculo de otro mundo; CONSULTORÍA CREATIVA DE FIELDS. https://otherworldlyoracle.com/hecate-goddess/

Fields, K. (2020, 5 de enero). Magia de llaves, mitos y un hechizo de cerradura y llave para protección. Oráculo de otro mundo. https://otherworldlyoracle.com/key-magic/

Los olímpicos griegos. (s.f.). Mitopedia. https://mythopedia.com/topics/greek-olympians

Greenberg, M. (2021, 22 de marzo). Hécate diosa griega de la brujería: Una guía completa (2022). MythologySource; Mike Greenberg, PhD. https://mythologysource.com/hecate-greek-goddess/

HÉCATE (hekate) - Diosa griega de la brujería, la magia y los fantasmas. (s.f.). Theoi.com. https://www.theoi.com/Khthonios/Hekate.html

Hécate. (s.f.). Hellenicaworld.com. https://www.hellenicaworld.com/Greece/Mythology/en/Hecate.html

Hécate. (s.f.). Mitopedia. https://mythopedia.com/topics/hecate

Hécate: Diosa griega de triple cuerpo, bruja y guardiana de las llaves. (2022, 6 de octubre). Antiguos orígenes. https://www.ancient-origins.net/myths-legends-europe/hecate-0010707

Rueda de Hécate, estrofalos significado, simbolismo, origen y usos. (2021, 29 de septiembre). Símbolos y significados - Su guía definitiva para el simbolismo. https://symbolsandmeanings.net/hecates-wheel-strophalos-meaning-symbolism-origin-uses/

Hechizo del camino abierto de Hécate. (s.f.). Tumblr. https://hekateanwitchcraft.tumblr.com/post/625740934293913600/this-spell-is-similar-to-a-road-opening-spell-but

Protección del hogar de Hécate. (s.f.). Tumblr. https://hekateanwitchcraft.tumblr.com/post/631719732022771712/hekatean-home-protection

hekateanwitchcraft. (n.d.). Tumblr. https://hekateanwitchcraft.tumblr.com/post/139478162262/hi-i-thought-your-posts-about-your-epithet-for

Huanaco, F. (2021, 8 de junio). Hécate: Diosa símbolos, correspondencias, mito y ofrendas. Hechizos8. https://spells8.com/lessons/hecate-goddess-symbols/

Jasón. (s.f.). Mitopedia. https://mythopedia.com/topics/jason

Kabir, S. R. (2022, 27 de septiembre). Hécate: La diosa de la brujería en la mitología griega. Cooperativa de historia; La cooperativa de historia. https://historycooperative.org/hecate-goddess-of-witchcraft/

Keys, K. H. (s.f.). Hécate: Altares y ofrendas. Guardando sus llaves. https://keepingherkeys.com/blog/f/creating-altars-and-shrines

Keys, K. H. (s.f.). Hécate: La guardiana de las llaves. Guardando sus llaves. https://keepingherkeys.com/blog/f/hekate-the-keeper-of-keys

Kyteler, E. (s.f.). Ofrendas herbales para Hécate. Eclecticwitchcraft.com https://eclecticwitchcraft.com/hecate-herbal-offerings/

Mackay, D. (2021, 27 de junio). Todo lo que necesita saber sobre Hécate (doncella, madre, arpía). TheCollector. https://www.thecollector.com/hecate-goddess-magic-witchcraft/

Encuentro con Hécate en su encrucijada - Meditación guiada. (s.f.). SoundCloud. https://soundcloud.com/thewitchespath/meeting-hekate-at-her-crossroads-guided-meditation

Mi receta de aceite de Hécate. (s.f.). Tumblr. https://hekateanwitchcraft.tumblr.com/post/627289683874988032/my-hekate-oil-recipe

Oración nocturna a Hécate. (s.f.). Tumblr. https://hekateanwitchcraft.tumblr.com/post/136232812112/nightly-prayer-to-hekate

PHOEBE (phoibe) - Diosa titán griega del oráculo de Delfos. (s.f.). Theoi.com. https://www.theoi.com/Titan/TitanisPhoibe.html

Oración de devoción a Hécate. (s.f.). Tumblr. https://hekateanwitchcraft.tumblr.com/post/158919116652/prayer-of-devotion-for-hekate

Rhys, D. (2020a, 20 de agosto). La rueda de Hécate - orígenes y significado. Símbolo sabio. https://symbolsage.com/hecate-wheel-symbolism-and-meaning/

Rhys, D. (2020b, 9 de septiembre). Hécate - diosa griega de la magia y los hechizos. Símbolo sabio. https://symbolsage.com/greek-goddess-of-magic/

Signos de Hécate. (s.f.). Tumblr. https://hekateanwitchcraft.tumblr.com/post/629191173466112000/signs-from-hekate

Pequeñas formas de incorporar el culto/devoción a Hécate en su vida cotidiana. (s.f.). Tumblr. https://hekateanwitchcraft.tumblr.com/post/630069116650356736/small-ways-to-incorporate-hekate-worshipdevotion

Empezando por Hécate. (sin fecha). Tumblr. https://hekateanwitchcraft.tumblr.com/post/141027130657/starting-with-hekate

Tarotpugs, /. (2017, 28 de octubre). Tirada de tarot de Hécate. TarotPugs. https://tarotpugs.com/2017/10/28/hekate-tarot-spread/

Los editores de la enciclopedia británica. (2023). Hécate. En la enciclopedia Británica.

El árbol de eldrum. (2016, 20 de enero). Las hierbas de Hécate - primera parte. Eldrum.es. https://eldrum.co.uk/2016/01/20/hecates-herbs-part-one/

El himno órfico a Hécate Ækáti. (s.f.). HellenicGods.org. https://www.hellenicgods.org/the-orphic-hymn-to-hecate-aekati---hekate

Thompson, E. (2019, 30 de abril). Cómo hacer una rejilla de cristal, una guía paso a paso. Almanac Supply Co. https://almanacsupplyco.com/blogs/articles/how-to-make-a-crystal-grid

Turnbull, L. (2022, 27 de octubre). Hécate: Diosa griega de la encrucijada. Regalo de la diosa; El camino de la diosa. https://goddessgift.com/goddesses/hecate/

Uk, C. L. [@charmedlifeuk3341]. (2021, 6 de febrero). Meditación de Hécate- viaje guiado a la cueva de la diosa Hécate para recibir su guía.

Caro, T. (2021, 31 de julio). Creación de un poderoso altar para Hécate (una guía rápida de bricolaje). Punto mágico. https://magickalspot.com/altar-for-hecate/

Welch, M. (2021, 29 de agosto). ¡Secuestrada! La impactante historia de Perséfone y Hades. ¿Qué es la brujería hecateana? (s.f.). Tumblr. https://www.definitelygreece.com/the-story-of-persephone-and-hades/

¿Qué es la brujería hecateana? (s.f.). Tumblr. https://hekateanwitchcraft.tumblr.com/post/631201126976471040/what-is-hekatean-witchcraft

Willett, J., & Tucson, T. I. (2019, 22 de junio). 5 cosas que saber sobre la misteriosa reina de los cactus, el cereus de floración nocturna. Esto es Tucson

Fuentes de imágenes

[1] https://unsplash.com/photos/0FQneB1VjaM?utm_source=unsplash&utm_medium=referral&utm_content=creditShareLink

[2] *MochaSwirl, dominio público, vía Wikimedia Commons:* https://commons.wikimedia.org/wiki/File:Tea_leaf_reading.jpg

[3] https://unsplash.com/photos/D3SzBCAeMhQ?utm_source=unsplash&utm_medium=referral&utm_content=creditShareLink

[4] https://unsplash.com/photos/H6NaGPR1SX0?utm_source=unsplash&utm_medium=referral&utm_content=creditShareLink

[5] https://pixabay.com/images/id-2468874/

[6] https://pixabay.com/images/id-2372342/

[7] *Eeno11, CC BY-SA 3.0* <https://creativecommons.org/licenses/by-sa/3.0>, *vía Wikimedia Commons:* https://commons.wikimedia.org/wiki/File:Rowan_tree_20081002b.jpg

[8] https://unsplash.com/photos/VI2rIoZUrks?utm_source=unsplash&utm_medium=referral&utm_content=creditShareLink

[9] https://unsplash.com/photos/LYaW8eq3mjs?utm_source=unsplash&utm_medium=referral&utm_content=creditShareLink

[10] https://www.pexels.com/photo/oval-brown-framed-mirror-954539/

[11] https://www.pexels.com/photo/wall-clock-at-5-50-707582/

[12] https://pixabay.com/images/id-1850982/

[13] https://unsplash.com/photos/4OfaTz6SdYs?utm_source=unsplash&utm_medium=referral&utm_content=creditShareLink

[14] https://jenikirbyhistory.getarchive.net/amp/media/hekate-6c0c17

[15] https://pixabay.com/es/illustrations/zeus-mitolog%c3%ada-dios-griego-zeus-7683518/

[16] https://unsplash.com/photos/43NPCi0NJlY

[17] https://unsplash.com/photos/V-TIPBoC_2M

[18] https://pixabay.com/es/photos/tejo-tejo-ingl%c3%a9s-frutos-rojos-6678612/

[19] https://pixabay.com/es/photos/cipreses-toscana-paisaje-avenida-3701931/

[20] Si Griffiths, CC BY-SA 3.0 DEED < https://creativecommons.org/licenses/by-sa/3.0/deed.en>, vía Wikimedia Commons https://commons.wikimedia.org/wiki/File:Witch-hazel_(Hamamelis)_In_Flower,_RHS_Wisley_Garden_Surrey_UK.jpg

[21] David Hawgood / Álamo negro, cerca de Milton Common, CC BY-SA 2.0 DEED < https://creativecommons.org/licenses/by-sa/2.0/deed.en> vía Wikimedia Commons https://commons.wikimedia.org/wiki/File:Black_Poplar,_near_Milton_Common_-_geograph.org.uk_-_245091.jpg

[22] https://unsplash.com/photos/vIiye0QDryo

[23] https://unsplash.com/photos/ClWvcrkBhMY

[24] https://pixabay.com/es/photos/mirra-natividad-navidad-jes%c3%bas-6050657/

[25] AnemoneProjectors, CC BY-SA 2.0 <https://creativecommons.org/licenses/by-sa/2.0>, vía Wikimedia Commons https://commons.wikimedia.org/wiki/File:Mugwort_(Artemisia_vulgaris)_(24244929842).jpg

[26] https://unsplash.com/photos/2P0EFD18NYA

[27] https://www.pexels.com/photo/green-mint-photo-214165/

[28] Greg Hume, CC BY-SA 3.0 <https://creativecommons.org/licenses/by-sa/3.0>, vía Wikimedia Commons https://commons.wikimedia.org/wiki/File:DandelionFlower.jpg

[29] https://pixabay.com/es/photos/helleborus-niger-rosa-de-navidad-7029641/

[30] Matus Kalisky, CC BY-NC-ND 2.0 DEED < https://creativecommons.org/licenses/by-nc-nd/2.0/>, https://www.flickr.com/photos/31007239@N06/24477266240

[31] https://pixabay.com/es/photos/vela-la-magia-ritual-magia-4702150/

[32] https://www.pexels.com/photo/two-black-skeleton-keys-on-an-old-paper-612800/

www.ingramcontent.com/pod-product-compliance
Lightning Source LLC
Chambersburg PA
CBHW051853160426
43209CB00006B/1287